AF544246
Leckere Rezepte
in max.
20
Minuten

Inhaltsverzeichnis

Rezeptübersicht

SEITE 8
SEITE 18
SEITE 36
SEITE 60
SEITE 74
SEITE 78
SEITE 98
SEITE 104

4
Port.

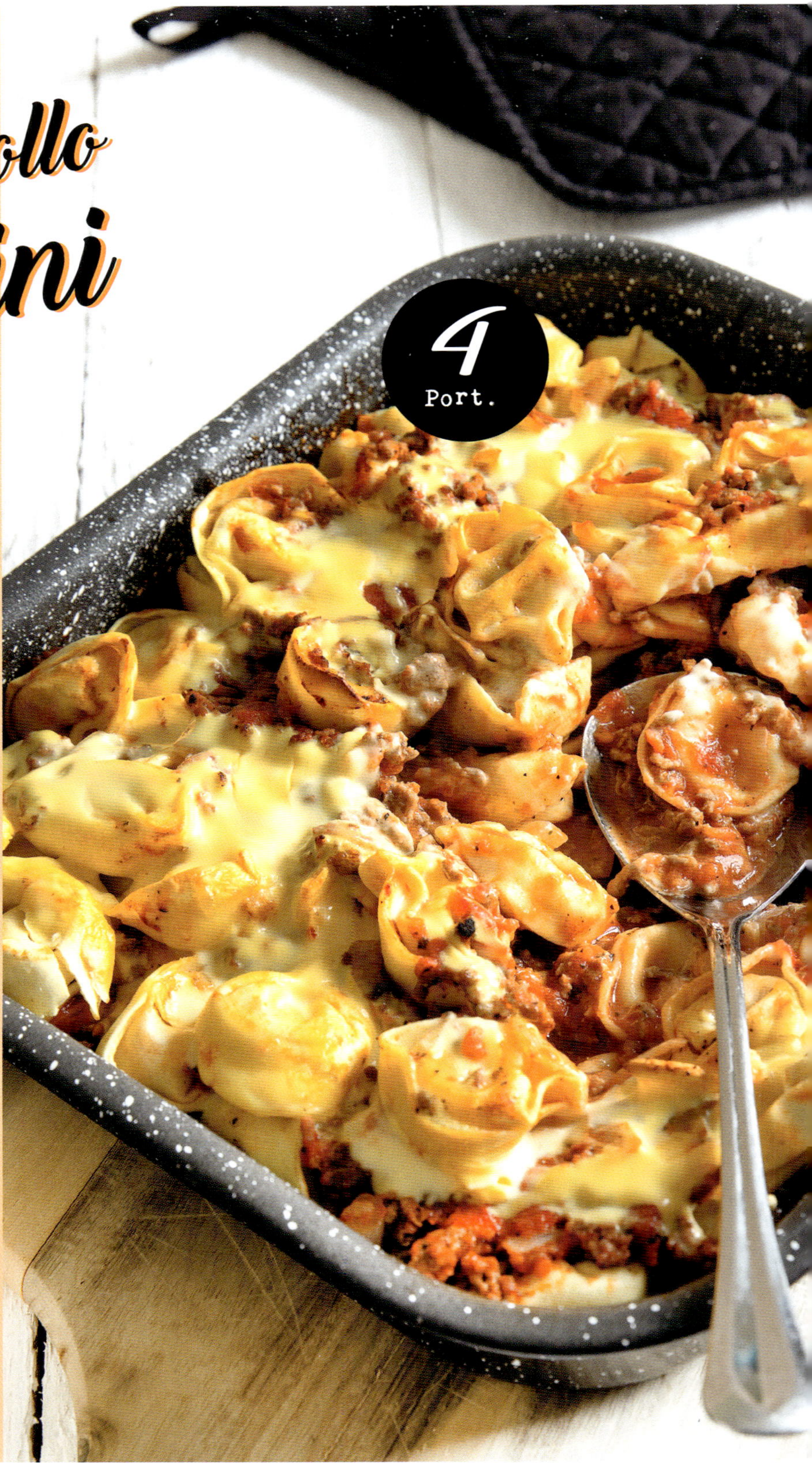

Zutaten

1 kg	frische Tortellini (Kühltheke)
1	Zwiebel
1	Knoblauchzehe
250 g	gemischtes Hackfleisch
etwas	Öl zum Braten
1 Dose	stückige Tomaten (400 g)
200 ml	Wasser
1 TL	ital. Kräuter, getr.
1 TL	Salz
1 TL	Gemüsebrühpulver
1/2 TL	Pfeffer, gem.
1 TL	Paprikapulver, edelsüß
1/4 TL	Cayennepfeffer
einige	Tropfen Tabasco
1 EL	Tomatenmark
1 P.	Sauce Hollandaise, légère, 50% weniger Fett (250 ml)

Backofen auf 200°C Umluft vorheizen. Tortellini in eine Auflaufform geben. Zwiebel würfeln und zusammen mit dem Hackfleisch in einer Pfanne in heißem Öl anbraten. Knoblauch fein hacken und zusammen mit den restlichen Zutaten (außer Sauce Hollandaise) zugeben. Das Ganze ca. 5 Min. köcheln lassen.

Hackmasse über die Tortellini geben und vermengen. Sauce Hollandaise darüber geben und für 10 Min. in den Backofen geben.

Tipp

Dazu passt sehr gut ein Kopfsalat mit Essig-Öl-Dressing.

Pro Portion: 775 kcal | 86 g KH | 36 g EW | 39 g Fett

Fruchtige Lauchschnitzel

Zutaten

1 kl. Stange Lauch	
2	Putenschnitzel (à 125 g)
etwas	Salz & Pfeffer
etwas	Öl zum Braten
1 Dose	Fruchtcocktail (Abtr.gew. 250 g)
5 EL	Sahne
1 TL	Currypulver
1 gestr. TL Gemüsebrühpulver	

Variante

Wer aus dem Lauchtopping eine cremige Soße zaubern möchte, gibt noch 2 EL Schmand und 5 EL Milch dazu. Servieren Sie dazu Reis.

Lauch in Ringe schneiden. Putenschnitzel mit Salz und Pfeffer würzen. In einer Pfanne in heißem Öl von beiden Seiten anbraten. Sobald die Schnitzel das erste Mal gewendet werden, Lauch zugeben und mitbraten.

Fruchtcocktail absieben und zusammen mit Sahne, Curry und Gemüsebrühpulver zugeben. Kurz aufkochen lassen, mit Salz und Pfeffer noch mal abschmecken und servieren.

Pro Portion: 339 kcal | 17 g KH | 34 g EW | 15 g Fett

Schnitzel-baguette

Caprese

Zutaten

4 Baguettebrötchen
2 Tomaten
2 Kugeln Mozzarella (à 125 g)
8 Blätter Kopfsalat
400 g Hähnchen-geschnetzeltes
etwas Öl zum Braten
etwas Salz & Pfeffer
1 gr. Handvoll Basilikum-blätter

Für die Soße

4 EL Crème fraîche oder Crème légère
4 EL Salatmayonnaise (10 % Fett)
2 TL Senf, mittelscharf
3-4 Spritzer Zitronensaft

Tipp

Wer möchte, kann die Brötchen auch im Ofen bei 100°C kurz anwärmen.

Baguettebrötchen in der Mitte aufschneiden und etwas aushöhlen. Tomaten und Mozzarella in Scheiben schneiden und mit etwas Salz & Pfeffer würzen. Salatblätter waschen und trocknen. Hähnchengeschnetzeltes in einer Pfanne in heißem Öl anbraten. Mit Salz und Pfeffer würzen.

In der Zwischenzeit alle Zutaten für die Soße in einer Schüssel verrühren.

Baguettebrötchen mit etwas Senfsoße bestreichen. Dann mit Salat, Tomaten, Mozzarella sowie einigen Basilikumblättern füllen. Zum Schluss das gebratene Hähnchenfleisch darauf geben und mit restlicher Senfsoße beträufeln.

Pro Portion: 586 kcal | 42 g KH | 43 g EW | 27 g Fett

Zucchini-Pasta

Zutaten

300 g	Nudeln (z.B. Rigatoni)
1	Knoblauchzehe
1	mittelgr. Zucchini (250-300 g)
etwas	Öl zum Braten
250 g	Mascarpone
2-3 Spritzer Zitronensaft	
1 gestr. TL Salz	
1/4 TL	Pfeffer, gem.
2 Msp.	Muskat, gem.
1 TL	Gemüsebrühpulver
1 Handvoll Petersilie, gehackt	

Tipp

Verfeinern Sie die Soße mit einem Schuss trockenen Weißwein. Wer möchte, kann noch etwas gewürfelten Kochschinken zur Soße geben.

Nudeln in reichlich Salzwasser al dente kochen.

2

Knoblauch fein hacken und Zucchini raspeln. In einer Pfanne in etwas Öl anbraten. Mascarpone, Zitronensaft und Gewürze zugeben und unter Rühren erhitzen, bis der Mascarpone flüssig wird.

Knoblauch im Mixtopf **5 Sek./Stufe 6** zerkleinern. Zucchini in Stücken zugeben und **5 Sek./Stufe 4** raspeln. Mit dem Spatel nach unten schieben, Öl zugeben und **2 Min./120°C/Stufe 1** dünsten. Mascarpone, Zitronensaft und Gewürze zugeben und **4 Min./80°C/Stufe 1** erhitzen.

Abgesiebte Nudeln mit der Soße und gehackter Petersilie vermengen und servieren.

Pro Portion: 529 kcal | 58 g KH | 13 g EW | 27 g Fett

Hotdogs mit Tomatensalsa

6 Stück

Zutaten

2	Avocados
1/2	Limette, Saft davon
1	gr. rote Zwiebel
1/4	frische Ananas
6	Hotdog-Brötchen
6	Wiener Würstchen
etwas	Öl zum Braten
75 g	eingelegte Jalapeño-Scheiben (Glas)
100 g	Cheddarkäse, gerieben
2 Handvoll	Tortilla Chips, gesalzen (ca. 80 g)
ca. 3 EL	Salatmayonnaise

Für die Salsa

1	rote Zwiebel, halbiert
1/2 Bd.	Koriander
400 g	Cocktailtomaten
1 EL	Olivenöl
50 g	Tomatenmark
1	Limette, Saft davon
1 TL	Salz
1 TL	Zucker
1 Msp.	Cayennepfeffer

Mit crunchy Tortilla Chips

Für ganz Eilige:
Brötchen in der Mikrowelle 20 Sek. bei 600 Watt erwärmen.

Avocados in kleine Würfel schneiden und mit Limettensaft beträufeln. Zwiebel in feine Ringe hobeln und Ananas klein würfeln. Hotdog-Brötchen aufschneiden und auf ein mit Backpapier belegtes Backblech setzen. Bei 100°C kurz in den Ofen geben zum Erwärmen.

2

Für die Salsa Zwiebel und Koriander fein hacken. Cocktailtomaten klein würfeln. Alles in einer Schüssel vermengen. Olivenöl, Tomatenmark, Limettensaft und Gewürze zugeben und verrühren.

Für die Salsa Zwiebel und Koriander **5 Sek./Stufe 6** zerkleinern. Cocktailtomaten zugeben und **4 Sek./Stufe 6** zerkleinern. Restliche Zutaten zugeben und **10 Sek./Stufe 6** mixen.

3

Würstchen der Länge nach einritzen und in einer Pfanne in etwas Öl anbraten. Hotdog-Brötchen mit Wiener, Jalapeños, Avocadowürfeln, Zwiebelringen, Ananas und Tomatensalsa füllen. Cheddarkäse und zerbröselte Tortilla Chips darüber streuen und mit etwas Salatmayonnaise beträufeln.

Pro Portion: 690 kcal | 54 g KH | 21 g EW | 43 g Fett

Hotdogs

"BIG MAC STYLE"

4 Stück

Zutaten

4	Hotdog-Brötchen
250 g	Rinderhackfleisch
etwas	Salz & Pfeffer
etwas	Öl zum Braten
1/2 Kopf	Eisbergsalat
einige	Burgergurken, aus dem Glas
4	Schmelzkäse-Scheiben (Chester)

Für die Soße

40-50 g	Burgergurken, aus dem Glas, in Streifen geschnitten
100 g	Salatmayonnaise
2 TL	Senf, mittelscharf
1/2 TL	Tomatenketchup
1/2 TL	Paprikapulver, rosenscharf
1 TL	Salz
1/2 TL	Zwiebeln, granuliert

1

Hotdog-Brötchen aufschneiden und auf ein mit Backpapier belegtes Backblech setzen. Bei 100°C kurz in den Ofen geben zum Erwärmen. Hackfleisch mit Salz und Pfeffer würzen und in einer Pfanne in heißem Öl anbraten. In der Zwischenzeit die Zutaten für die Soße in einer Schüssel verrühren. Salat in Streifen schneiden.

2

Sobald das Hackfleisch gebraten ist, die Hotdog-Brötchen mit etwas Soße bestreichen. Mit Salat, Gurkenscheiben und Hackfleisch füllen. Soße darüber geben. Schmelzkäse-Scheiben in die noch heiße Pfanne legen und schmelzen. Käse über die Hotdogs geben. Fertig!

Für ganz Eilige:
Brötchen in der Mikrowelle 20 Sek. bei 600 Watt erwärmen.

Pro Portion: 544 kcal | 37 g KH | 22 g EW | 34 g Fett

Schlemmer-Toast

8 Toast

Zutaten

8 Scheiben Toast
300 g Champignons
1 rote Zwiebel
400 g Putengeschnetzeltes
1 EL Öl zum Braten

150 g Crème fraîche
1 TL Tomatenmark
2-3 Spritzer Zitronensaft
1 gestr. TL Salz
1/4 TL Pfeffer, gem.
1 Handvoll Petersilie
100 g Gouda, gerieben

Im Thermomix
10 Sek./Stufe 5 reiben

Variante

Statt das Geschnetzelte auf Toast zu überbacken, können Sie es auch mit Pasta servieren.

1

Backofen auf 200°C Umluft vorheizen. Ein Backblech mit Backpapier belegen und mit Toastscheiben auslegen. Champignons in Scheiben schneiden.

2

Zwiebel klein würfeln und zusammen mit den Champignons in einer Pfanne in etwas Öl anbraten und herausnehmen. Geschnetzeltes ebenso in Öl anbraten. Champignons sowie Crème fraîche, Tomatenmark, Zitronensaft, Salz und Pfeffer zugeben und vermengen.

Zwiebel (halbiert) im Mixtopf **5 Sek./Stufe 5** zerkleinern. Mit dem Spatel nach unten schieben, Öl zugeben und **2 Min./120°C/Stufe 1** dünsten. Crème fraîche, Tomatenmark, Zitronensaft, Salz und Pfeffer zugeben und **3 Min./80°C/Stufe 2** erhitzen. Champignons in einer Pfanne in etwas Öl anbraten und herausnehmen. Geschnetzeltes ebenso in Öl anbraten. Champignons sowie Soße aus dem Mixtopf zugeben und vermengen.

3

Petersilie hacken und unterrühren. Das Ganze bei niedriger Temperatur kurz köcheln lassen. Toastscheiben in den Ofen geben und 3 Min. rösten. Wieder aus dem Ofen nehmen und das Geschnetzelte darauf verteilen. Mit geriebenem Käse bestreuen und wieder in den Ofen geben. Toast 8-10 Min. backen, bis sich der Käse bräunlich färbt.

Pro Toast: 242 kcal | 14 g KH | 18 g EW | 12 g Fett

Zitronen-Hähnchen

4 Port.

Zutaten

4	Hähnchen-Minuten-schnitzel
etwas	Salz & Pfeffer
etwas	Öl zum Braten
1	Zitrone

Für die Soße

1	Knoblauchzehe
1 EL	Butter
1 EL	Weizenmehl, Type 405
120 ml	Milch, 1,5%
2 EL	Wasser
100 g	Kochsahne, 50% weniger Fett
2 EL	geriebener Parmesan
1 TL	Zitronensaft
1 TL	Balsamicoessig, hell
1/4 TL	Pfeffer, gem.
1/4 TL	Salz
etwas	frische Petersilie, gehackt

Tipp

Dazu passen sehr gut frische Bandnudeln aus der Kühltheke. Diese einfach mit in die Soße geben und erhitzen.

Hähnchenfleisch mit Salz und Pfeffer würzen. In einer Pfanne in etwas Öl anbraten. Von der Zitrone 3 Scheiben abschneiden und halbieren. Sobald das Fleisch zum ersten Mal gewendet wird, die halben Zitronenscheiben zugeben und mitbraten. Alles aus der Pfanne nehmen und beiseitestellen.

Knoblauch fein hacken. Butter in die Pfanne geben und schmelzen. Knoblauch zugeben und dünsten. Mehl zugeben und kurz anschwitzen. Restliche Zutaten für die Soße zugeben und unter Rühren aufkochen.

Knoblauch im Mixtopf **5 Sek./Stufe 6** zerkleinern. Mit dem Spatel nach unten schieben, Butter zugeben und **2 Min./100°C/Stufe 1** dünsten. Mehl zugeben und noch mal **1 Min./100°C/Stufe 1** dünsten. Restliche Zutaten für die Soße zugeben und **4 Min./80°C/Stufe 2** erhitzen. In die Pfanne gießen.

Hähnchenfleisch und Zitronenscheiben wieder mit in die Pfanne geben und servieren.

Pro Portion: 263 kcal | 7 g KH | 27 g EW | 14 g Fett

Hawaii-Toast -de luxe-

9 Toast

3-erlei Käse

Zutaten

9 gr. Scheiben Sandwichtoast
1/2 frische Ananas
200 g Kochschinken

120 g Gouda, gerieben*
30 g Parmesan, gerieben*
50 g Cheddarkäse, gerieben*

Für die Creme

1 Zwiebel
1 Knoblauchzehe
1 EL Öl
200 g Crème fraîche
200 g Schmand
1/2 TL Currypulver
1 TL Salz
1/4 TL Pfeffer, gem.
1/4 TL Paprikapulver, rosenscharf

*Alle Käsesorten (in Stücken) im Mixtopf **12 Sek./Stufe 5** reiben. Umfüllen und Mixtopf spülen.

Backofen auf 200°C Umluft vorheizen. Ein Backblech mit Backpapier belegen und mit Toastscheiben auslegen. Ananas in dünne Scheiben schneiden.

Zwiebel und Knoblauch fein hacken. In einem kleinen Topf mit Öl andünsten. Topf vom Herd nehmen und kurz abkühlen lassen. Restliche Zutaten für die Creme zugeben und mit einem Schneebesen verrühren.

Zwiebel und Knoblauch im Mixtopf **5 Sek./Stufe 5** zerkleinern. Mit dem Spatel nach unten schieben, Öl zugeben und **2 Min./120°C/Stufe 1** dünsten. Restliche Zutaten für die Creme zugeben und **10 Sek./Stufe 3** verrühren.

Toastscheiben in den Ofen geben und 3 Min. vorbacken. Wieder aus dem Ofen nehmen und dick mit der Creme bestreichen. Mit Schinken und Ananas belegen und mit geriebenem Käse bestreuen. Wieder in den Ofen geben und ca. 10 Min. backen, bis sich der Käse bräunlich färbt.

Pro Toast: 346 kcal | 23 g KH | 13 g EW | 22 g Fett

Schupfnudel-Pfanne

Zutaten

1-2	Frühlingszwiebeln
400 g	Hähnchen-geschnetzeltes
etwas	Öl zum Braten
etwas	Salz & Pfeffer
500 g	Schupfnudeln (Kühltheke)

Für die Soße

1 EL	Butter
1 EL	Weizenmehl, Type 405
125 ml	Milch, 1,5%
125 g	Kochsahne, 50% weniger Fett
1 TL	Salz
1/4 TL	Pfeffer, gem.
1 TL	Senf, mittelscharf

2-3 Spritzer Zitronensaft

Variante

Anstelle von Schupfnudeln können Sie auch Gnocchi oder Spätzle (Kühltheke) verwenden.

Vegetarier verwenden statt Fleisch einfach Champignons.

15 Minuten

Frühlingszwiebeln in Ringe schneiden. Hähnchengeschnetzeltes in einer Pfanne in heißem Öl anbraten. Mit Salz und Pfeffer würzen. Nach dem Braten aus der Pfanne nehmen und Schupfnudeln in etwas Öl anbraten. Ebenso herausnehmen.

Butter in die heiße Pfanne geben und warten, bis diese schäumt. Mehl zugeben und unter Rühren anschwitzen. Milch, Sahne und Gewürze zugeben und unter ständigem Rühren aufkochen.

Butter im Mixtopf **2 Min./100°C/Stufe 2** schmelzen. Mehl zugeben und erneut **1 Min./100°C/Stufe 2** anschwitzen. Restliche Zutaten für die Soße zugeben und **3 Min./80°C/Stufe 3** erhitzen.

Fleisch und Schupfnudeln zusammen mit der Soße in der Pfanne vermengen und noch mal kurz erhitzen. Mit Frühlingszwiebelringen bestreut servieren.

Pro Portion: 470 kcal | 55 g KH | 32 g EW | 13 g Fett

Gebratener Lachs

mit mediterranem Paprikareis

2 Port.

Zutaten

3	kl. Snackpaprika (rot, gelb, orange)
1	rote Zwiebel
etwas	Öl zum Braten
1 Packung	Expressreis (Spitzen-Langkorn-Reis)
1 EL	Tomatenmark, leicht gehäuft
100 ml	Wasser
1 TL	Oregano, getr.
1/2 TL	Rosmarin, gem.
1/4 TL	Pfeffer, gem.
1/2 TL	Gemüsebrühpulver
1/2-1 TL	Salz
1	frisches Lachsfilet (250 g)
etwas	Salz & Pfeffer
1	kl. Zitrone

Schlemmen wie am Mittelmeer!

Paprika und Zwiebel klein würfeln und in einer Pfanne in heißem Öl andünsten. In der Zwischenzeit Tomatenmark mit Wasser und Gewürzen in einer Tasse verrühren. Sobald Paprika und Zwiebel angebraten sind, Mischung aus der Tasse sowie den Reis zugeben. Gut verrühren und ca. 2-3 Min. erhitzen. Aus der Pfanne nehmen.

Lachsfilet mit Salz und Pfeffer würzen. Erneut etwas Öl in der Pfanne erhitzen und das Lachsfilet von beiden Seiten scharf anbraten. Temperatur reduzieren und Lachs garen lassen. Sobald der Lachs gar ist, Paprikareis wieder zugeben und alles noch einmal erhitzen. Lachs auf zwei Teller verteilen. Mit Reis und je einer halben Zitrone zum Beträufeln servieren.

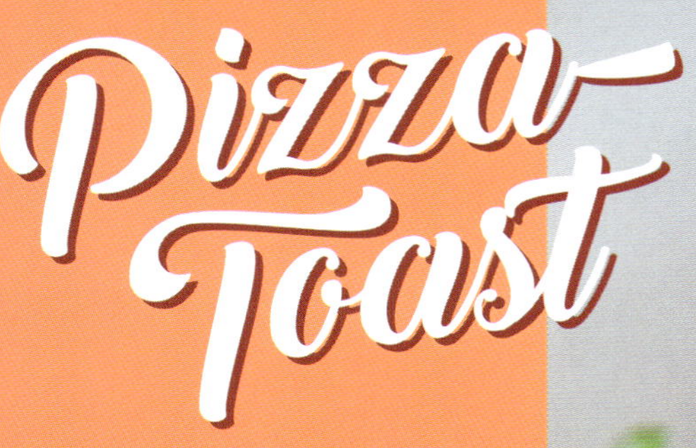

Pizza-Toast

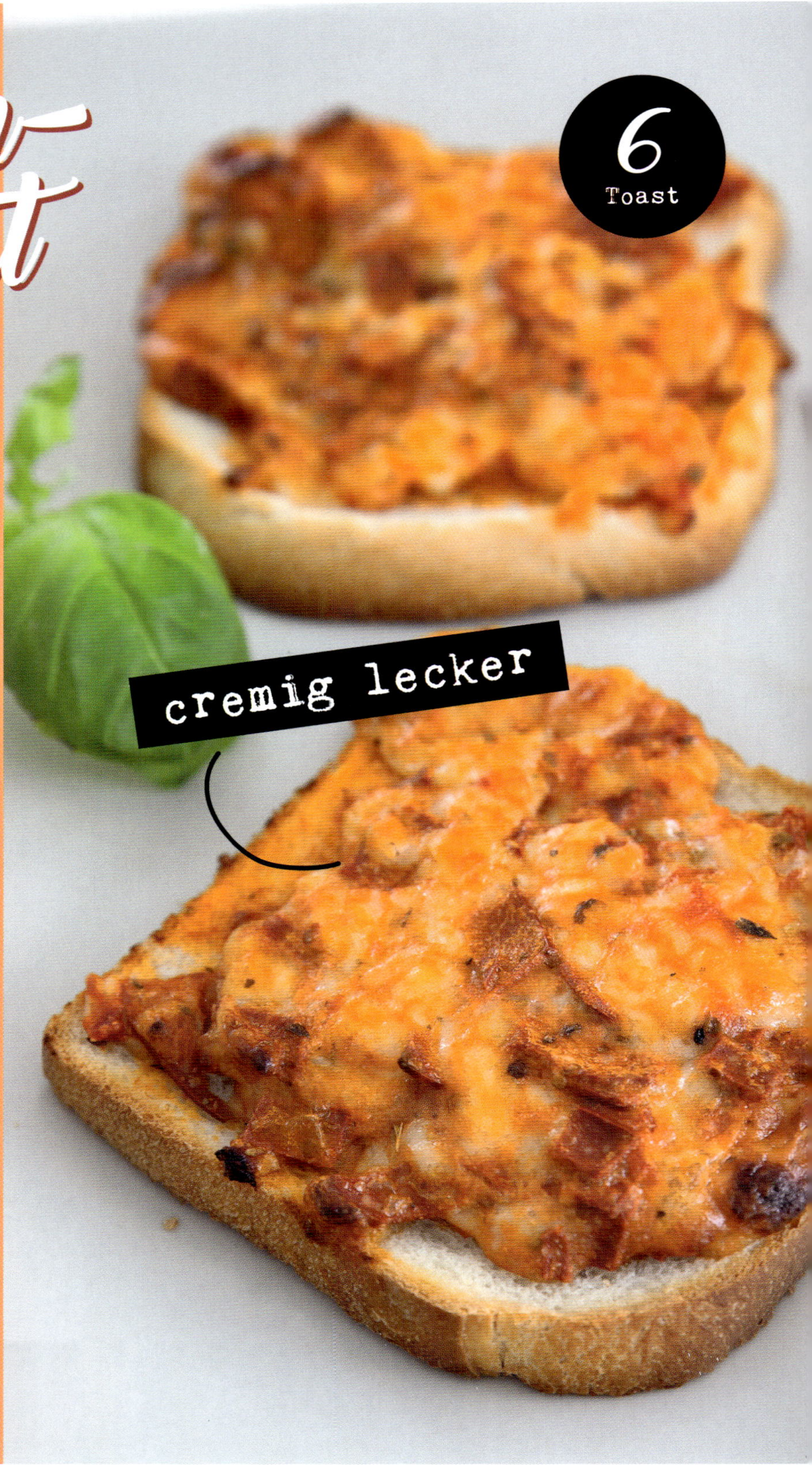
6
Toast
cremig lecker

Zutaten

6 Scheiben Sandwichtoast
80 g Salami (in Scheiben)
80 g geriebener Käse (z.B. Gouda)
100 g Sahne
50 g Dopperahm-Frischkäse
1 EL Tomatenmark
1 TL Pizzagewürz
etwas Pfeffer, gem.

Backofen auf 180°C Umluft vorheizen. Ein Backblech mit Backpapier belegen und mit Toastscheiben auslegen.

Salami in kleine Würfel schneiden und in eine Schüssel geben. Restliche Zutaten hinzugeben und gut verrühren.

Alle Zutaten im Mixtopf **5 Sek./Stufe 5** zerkleinern. Mit dem Spatel nach unten schieben und ggf. erneut **3 Sek./Stufe 5** mixen.

Toastscheiben dick mit der Creme bestreichen und im vorgeheizten Backofen ca. 10 Min. backen, bis sich der Käse bräunlich färbt.

Pro Portion: 270 kcal | 20 g KH | 10 g EW | 16 g Fett

3 Stück

Lachs

Elsässer Art

Für die Creme

100 g Schmand
100 g saure Sahne
40 g Doppelrahm-Frischkäse
1 Eigelb
1/2 TL Salz
1/4 TL Pfeffer, gem.
2 Msp. Muskat, gem.

3 Tortilla-Wraps (Ø 25 cm)

1

Zutaten für die Creme in eine Schüssel geben und gut verrühren.

Im Thermomix:
Alle Zutaten im Mixtopf **10 Sek./Stufe 2.5** vermengen.

2

Creme auf die Wraps streichen und nach Wunsch belegen (siehe S. 29). Bei 200°C Umluft 5-6 Min. backen.

Elsässer Art

Für 1 Flammkuchen:
1/2 rote Zwiebeln
25 g Speckwürfel
etwas frischer Schnittlauch

Pro Flammkuchen: 427 kcal
25 g KH | 16 g EW | 30 g Fett

Zwiebel in feine Ringe hobeln und mit Speckwürfeln auf dem mit Creme bestrichenen Wrap verteilen. Backen und vor dem Servieren mit Schnittlauchröllchen bestreuen.

Lachs

Für 1 Flammkuchen:
2 EL geriebener Käse
1 Frühlingszwiebel
75 g Lachs, geräuchert

Pro Flammkuchen: 614 kcal
27 g KH | 36 g EW | 45 g Fett

Geriebenen Käse auf den mit Creme bestrichenen Wrap streuen und backen. Frühlingszwiebel in Ringe schneiden. Vor dem Servieren mit Lachs und Frühlingszwiebelringen belegen.

Camembert

Für 1 Flammkuchen:
1/2 rote Zwiebel
75 g Camembert
3 TL Wildpreiselbeeren

Pro Flammkuchen: 572 kcal
33 g KH | 25 g EW | 39 g Fett

Zwiebel in feine Ringe hobeln. Camembert in Scheiben schneiden. Zwiebel und Camembertscheiben sowie Preiselbeeren auf dem mit Creme bestrichenen Wrap verteilen. Wie beschrieben backen.

Bunte Reispfanne

4 Port.

Zutaten

1	Knoblauchzehe
1/2	gelbe Paprika
1/2	rote Paprika
1	mittelgr. Zucchini
1	Zwiebel
etwas	Öl zum Braten
200 g	Langkornreis
750 ml	Wasser
1 EL	Gemüsebrühpulver
1 TL	Salz
1/2 TL	Pfeffer, gem.
1 TL	Paprikapulver, edelsüß
1 TL	Oregano, getr.
1/2 TL	Rosmarinpulver
100 g	Erbsen, TK
2 EL	Tomatenmark
2 TL	Ajvar
4-5 EL	Wasser
250 g	Fetakäse
etwas	frische Petersilie, gehackt

Knoblauch fein hacken und beiseitestellen. Paprika und Zucchini in Würfel schneiden. Zwiebel fein hacken und in etwas Öl in einer beschichteten Pfanne anbraten. Paprika und Zucchini zugeben und mit anbraten. Reis und Knoblauch zugeben und 1-2 Min. andünsten. Wasser, Gemüsebrühpulver und Gewürze zugeben und das Ganze bei geringer Hitze ca. 12 Min. köcheln lassen. Dabei gelegentlich umrühren.

2

Erbsen zugeben, unterrühren und weitere 2-3 Min. kochen lassen. Immer wieder umrühren. Tomatenmark, Ajvar und 4-5 EL Wasser in einer Tasse verrühren und über die Reispfanne gießen. Fetakäse würfeln und untermischen. Mit frisch gehackter Petersilie servieren.

Pro Portion: 412 kcal | 48 g KH | 19 g EW | 15 g Fett

Krabben Pasta

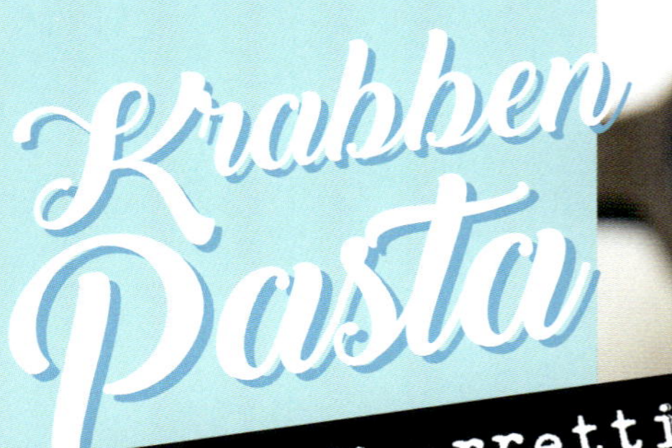

mit Meerrettich-Soße

3 Port.

Zutaten

250 g frische Pasta (Kühltheke)
250 g Nordseekrabben, küchenfertig
etwas Öl zum Braten
100 g Mayonnaise
50 g Sahnemeerrettich
2 gestr. TL Zucker
2-3 EL Zitronensaft
1 Prise Salz
1 Prise Pfeffer, gem.

ggf. geriebenen Parmesan zum Bestreuen

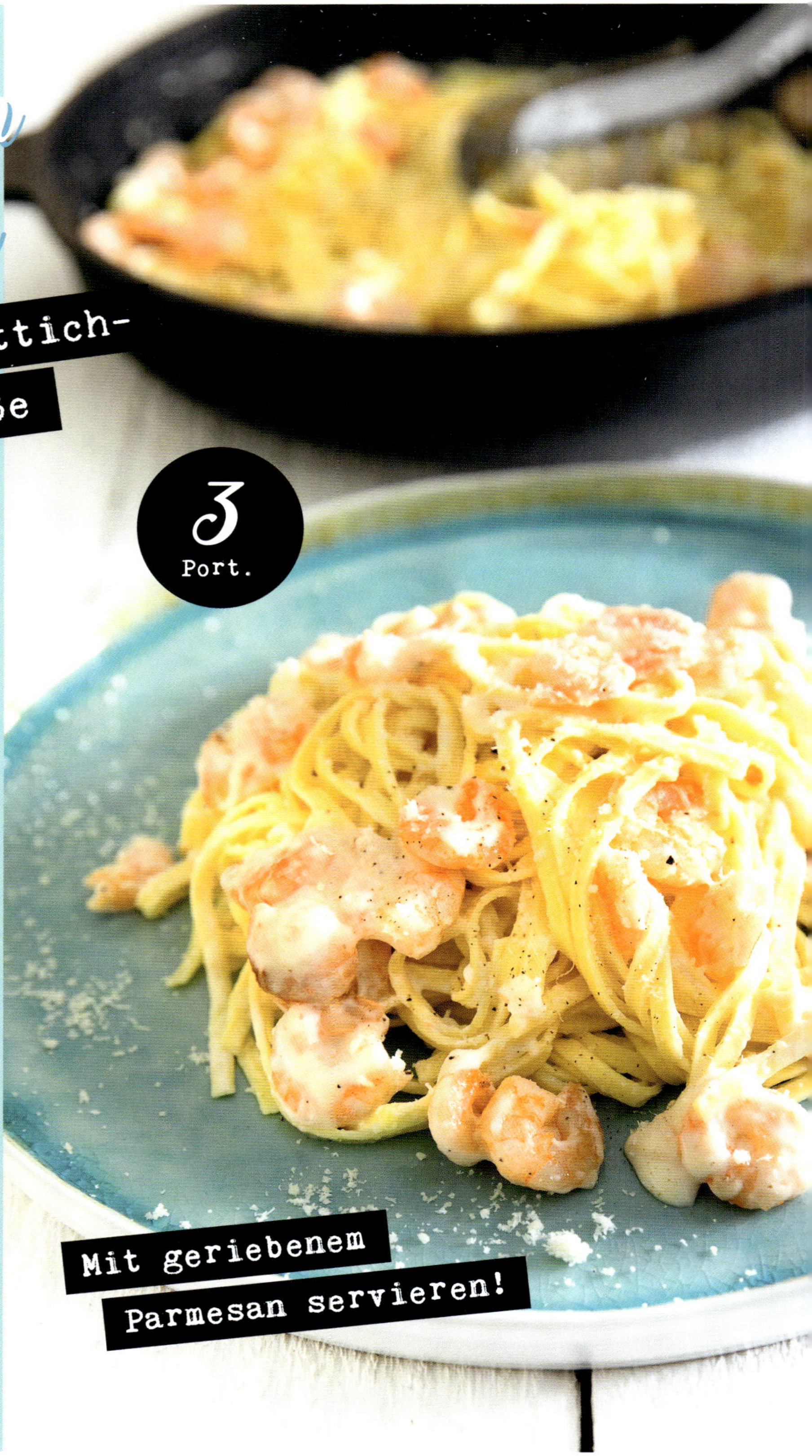

Mit geriebenem Parmesan servieren!

Nudeln in reichlich Salzwasser nach Packungsanweisung zubereiten. In der Zwischenzeit Krabben in einer Pfanne mit etwas Öl anbraten. Restliche Zutaten in einer Schüssel verrühren.

Sobald die Nudeln gar sind, absieben und zusammen mit der Soße zu den Krabben geben. Alles gut vermengen und noch einmal kurz erhitzen.

Pro Portion: 567 kcal | 31 g KH | 24 g EW | 37 g Fett

Geschnetzeltes

Züricher Art

Zutaten

400 g Putengeschnetzeltes
etwas Öl zum Anbraten
200 g Champignons (weiß o. braun)

Für die Soße

1 Zwiebel
1 kl. Knoblauchzehe
1 EL Butter
100 g Sahne
300 ml Wasser
1 EL Weißwein, trocken*
1-2 Spritzer Zitronensaft
1 TL Gemüsebrühpulver
1/2 TL Currypulver
1/2 TL weißer Pfeffer, gem.
1/2 TL Zucker
1 TL Salz

1 EL Speisestärke
2 EL Wasser

3 Port.

** altern. flüssige Gemüsebrühe*

Putengeschnetzeltes in einer Pfanne in heißem Öl anbraten und herausnehmen. Champignons putzen, in Scheiben schneiden und im Bratfett andünsten. Ebenso herausnehmen.

Für die Soße Zwiebel und Knoblauchzehe fein hacken und in der Pfanne mit Butter andünsten. Sahne, Wasser, Weißwein, Zitronensaft, Gemüsebrühpulver und Gewürze zugeben und verrühren. 1-2 Min. köcheln lassen.

Zwiebel und Knoblauch im Mixtopf **5 Sek./Stufe 5** zerkleinern. Mit dem Spatel nach unten schieben. Butter zugeben und **2 Min./100°C/Stufe 2** dünsten. Sahne, Wasser, Weißwein, Zitronensaft, Gemüsebrühpulver und Gewürze zugeben und **5 Min./100°C/Stufe 2** aufkochen. Soße in die Pfanne geben.

Speisestärke mit Wasser in einer Tasse klumpenfrei anrühren und in die Soße einrühren. Fleisch und Pilze zugeben und noch einmal kurz erhitzen. Fertig!

Pro Portion: 381 kcal | 10 g KH | 34 g EW | 23 g Fett

Cremige

Schinken-Nudeln

6 Port.

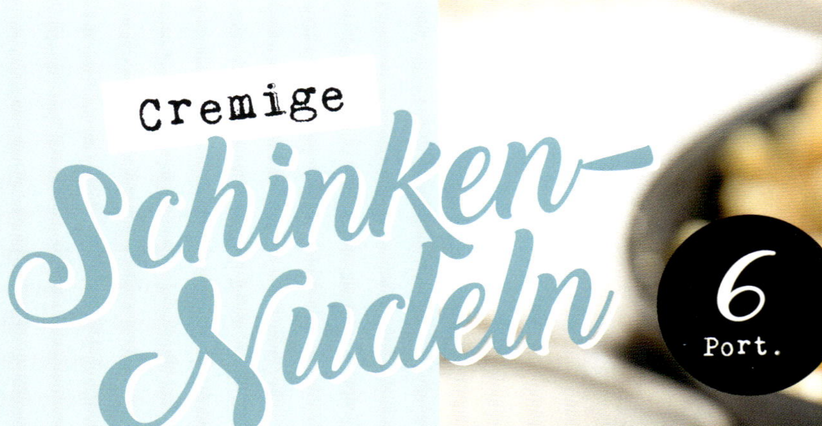

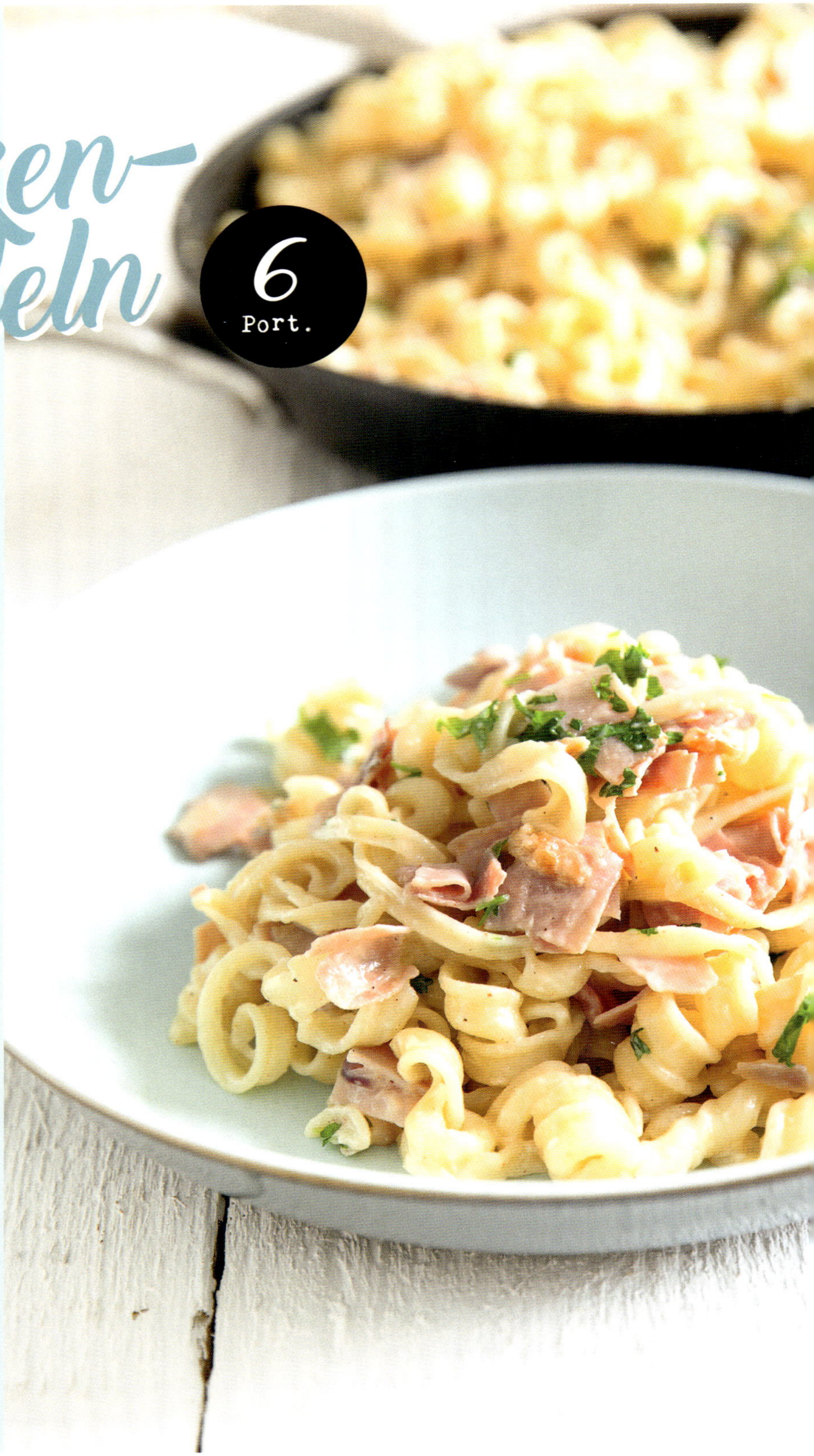

Zutaten

500 g	Nudeln (z.B. Fusilli)
200 g	Kochschinken
1	gr. rote Zwiebel
1 EL	Öl
2 EL	Röstzwiebeln
100 g	saure Sahne
70 g	Kochsahne, 50% weniger Fett
1/2 TL	Salz
1/4 TL	Pfeffer, gem.
2 Msp.	Muskat, gem.
1/4 TL	Paprikapulver, rosenscharf
1 Handvoll	Petersilie, gehackt

Nudeln in reichlich Salzwasser al dente kochen.

2

Zwiebel fein hacken und Schinken würfeln. In einer Pfanne in heißem Öl anbraten. Röstzwiebeln, Saure Sahne, Kochsahne und Gewürze zugeben und unter Rühren erhitzen.

Zwiebel im Mixtopf **5 Sek./Stufe 5** zerkleinern. Mit dem Spatel nach unten schieben. Schinken würfeln und mit Öl zugeben. Das Ganze **2 Min./120°C/↺/Stufe 1** dünsten. Röstzwiebeln, Saure Sahne, Kochsahne und Gewürze zugeben und **4 Min./80°C/↺/Stufe 1** erhitzen.

Abgesiebte Nudeln mit der Soße und gehackter Petersilie vermengen und servieren.

Pro Portion: 415 kcal | 66 g KH | 18 g EW | 8 g Fett

Tex Mex Hotdogs

6 Stück

Zutaten

3	Hotdog-Brötchen
2	Frühlingszwiebeln
500 g	Rinderhackfleisch
2	Eigelb
1 EL	Tomatenmark

Für die Würzmischung

2 TL	Salz
2 TL	brauner Zucker
1/2 TL	Pfeffer, gem.
2 TL	Paprikapulver, rosenscharf
1/2 TL	Paprikapulver, geräuchert
1/2 TL	Kreuzkümmel, gem.
1/4 TL	Ingwer, gem.
2 TL	Oregano, getr.
2 TL	Zwiebeln, granuliert
1 TL	Knoblauch, granuliert

2 EL	Tomatenketchup
100 g	geriebener Cheddar

Im Thermomix

10 Sek./Stufe 5 reiben

Backofen auf 180°C Ober-/Unterhitze vorheizen. Hotdog-Brötchen halbieren und etwas aushöhlen. Auf ein mit Backpapier belegtes Backblech setzen. Frühlingszwiebeln in Ringe schneiden und beiseitestellen. Gewürze für die Würzmischung vermengen.

Hackfleisch, Eigelb, Tomatenmark und Würzmischung gut vermengen.

Hackfleisch, Eigelb, Tomatenmark und Würzmischung im Mixtopf **10 Sek./⟲/Stufe 4** vermengen.

Hotdog-Brötchen mit der Hackmasse füllen und im vorgeheizten Backofen 12 Min. vorbacken. Mit Ketchup bestreichen und geriebenen Käse darüber geben. Weitere 5 Min. backen und mit Frühlingszwiebelringen bestreut servieren.

Pro Portion: 394 kcal | 23 g KH | 25 g EW | 22 g Fett

Gnocchi alla Sorrentina

Zutaten

400 g	Gnocchi (Kühltheke)
1	Knoblauchzehe
1	kl. Zwiebel
etwas	Öl zum Braten
400 g	passierte Tomaten
1 gestr.	TL Salz
1/4 TL	Pfeffer, gem.
1 TL	brauner Zucker
1 TL	Oregano, getr.
1 TL	Basilikum, getr.
1/4 TL	Rosmarinpulver
1 TL	Balsamicoessig, hell
1 Kugel	Mozzarella (125 g)
einige	Basilikumblätter

4 Port.

Backofen auf 200°C Ober-/Unterhitze vorheizen. Mozzarella in Scheiben schneiden.

Knoblauch und Zwiebel fein hacken und in einer Pfanne in Öl anbraten. Passierte Tomaten, Gewürze und Balsamico zugeben, vermengen und erhitzen. Gnocchi in die Pfanne zugeben und ca. 3 Min. köcheln lassen.

Knoblauch und Zwiebel (halbiert) im Mixtopf **5 Sek./Stufe 5** zerkleinern. Mit dem Spatel nach unten schieben. Öl zugeben und **2 Min./120°C/Stufe 1** dünsten. Passierte Tomaten, Gewürze und Balsamico zugeben und **4 Min./80°C/Stufe 1** erhitzen.

Gnocchi mit der Soße in eine Auflaufform geben und mit Mozzarella-Scheiben belegen. Gnocchi ca. 10 Min. im vorgeheizten Backofen überbacken. Mit Basilikumblättern bestreut servieren.

Pro Portion: 293 kcal | 38 g KH | 12 g EW | 9 g Fett

4 Stück

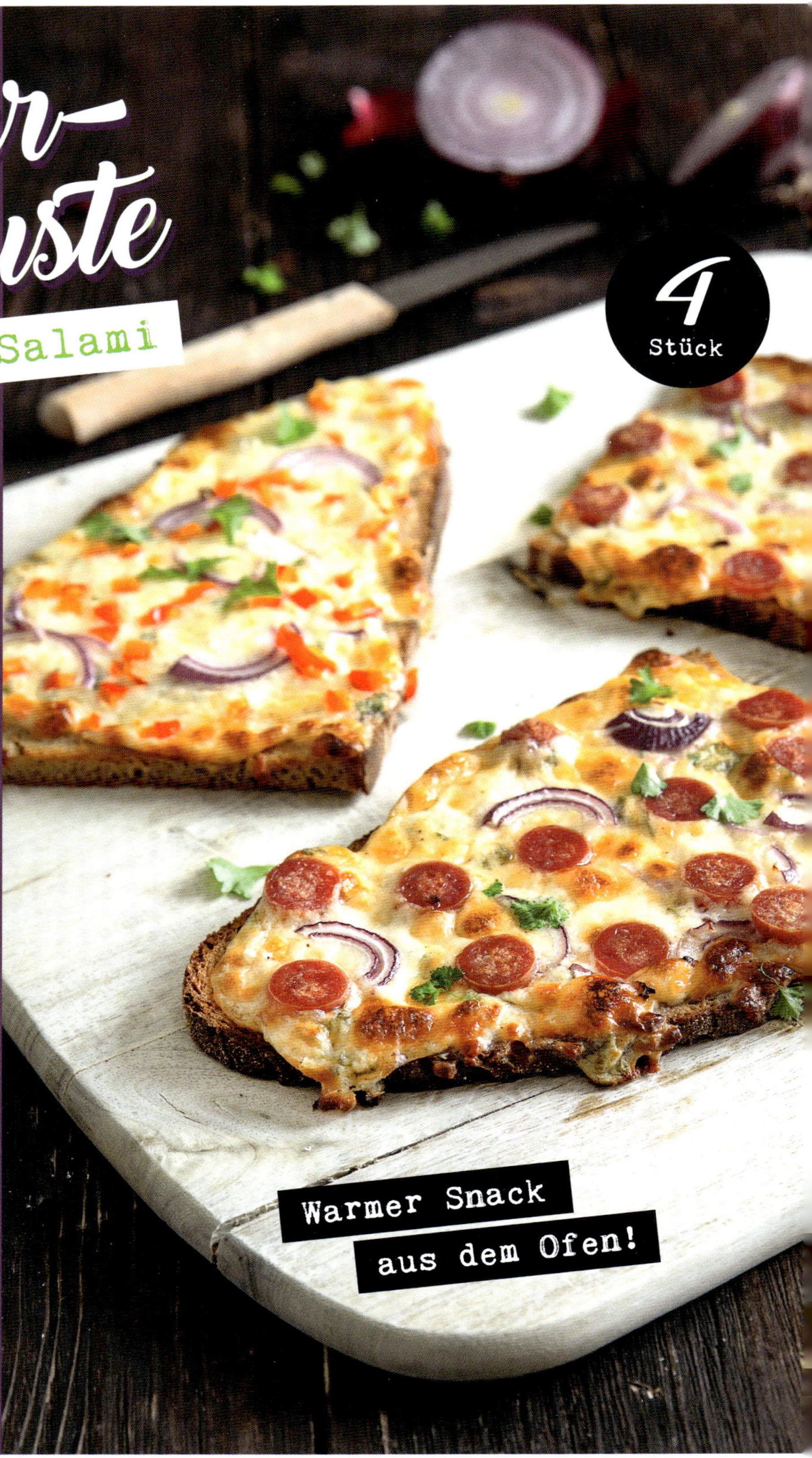

Zutaten

4 Scheiben Krustenbrot	
2	Mini-Salami (z.B. Bifi)
1	kl. rote Zwiebel
100 g	geriebener Käse (z.B. Gouda)*
100 g	Schmand
4 EL	Milch, 1,5%
1/2 TL	Salz
1/2 TL	Gemüsebrühpulver
1/2 TL	Paprikapulver, rosenscharf
1/4 TL	Pfeffer, gem.
1 Msp.	Muskat, gem.
etwas	frische Petersilie, gehackt

*Für Thermomix-Nutzer: Käse (z.B. Gouda) am Stück kaufen.

Warmer Snack aus dem Ofen!

20 Minuten

Backofen auf 200°C Umluft vorheizen. Ein Backblech mit Backpapier belegen und mit Brotscheiben auslegen. Mini-Salami und Zwiebel in Scheiben schneiden.

2

Käse, Schmand, Milch, Gewürze und Petersilie gut verrühren.

Käse in Stücken in den Mixtopf geben und **12 Sek./Stufe 5** reiben. Schmand, Milch, Gewürze und Petersilie zugeben und **10 Sek./Stufe 3** verrühren.

3

Creme auf die Brotscheiben streichen. Mit Salami und Zwiebel belegen und in den vorgeheizten Backofen geben. Ca. 10 Min. backen, bis sich der Käse bräunlich färbt.

Tipp für Vegetarier:

Anstatt Mini-Salami verwenden Sie eine halbe rote Paprika klein gewürfelt.

Pro Portion: 283 kcal | 16 g KH | 13 g EW | 18 g Fett

Pak Choi Goreng

Zutaten

100 g	Mie-Nudeln
1	Pak Choi
1 kl. Stück Ingwer	
1	Knoblauchzehe
etwas	Erdnussöl
250 g	Rinderhackfleisch
1	Karotte
3 EL	Sojasoße
1 EL	Reisessig
1/2 TL	Honig
1-2 TL	Limettensaft
1 TL	Salz
1/2 TL	Currypulver

Tipp

Wer es gerne scharf mag, kann noch Chiliflocken dazugeben.

Wasser im Wasserkocher aufkochen und Nudeln in einer Schüssel mit kochendem Wasser übergießen. 5 Min. ziehen lassen. Danach absieben. In der Zwischenzeit Pak Choi in Streifen schneiden.

Ingwer und Knoblauch fein hacken und Karotte fein raspeln. Hackfleisch in einer Pfanne in etwas Öl anbraten. Ingwer, Knoblauch und Karotte zugeben und mitbraten. Pak Choi hinzufügen und ca. 2-3 Min. mitdünsten. Nudeln sowie restliche Zutaten hinzugeben und gut vermengen.

Ingwer und Knoblauch im Mixtopf **5 Sek./Stufe 5** zerkleinern. Karotte in Stücken zugeben und ebenso **5 Sek./Stufe 5** zerkleinern. Mit dem Spatel nach unten schieben, Öl zugeben und **2 Min./120°C/Stufe 1** dünsten. Sojasoße, Reisessig, Honig, Limettensaft, Salz und Currypulver zugeben und **1 Min./100°C/Stufe 1** erhitzen. Hackfleisch in einer Pfanne mit etwas Öl anbraten. Pak Choi hinzufügen und ca. 2-3 Min. mitdünsten. Nudeln sowie Soße aus dem Mixtopf mit in die Pfanne geben und gut vermengen.

Ggf. noch einmal mit etwas Sojasoße abschmecken. Etwas ziehen lassen und servieren.

Pro Portion: 500 kcal | 43 g KH | 31 g EW | 22 g Fett

Pfannen-Schaschlik

Zutaten

3	Schweineschnitzel (500 g)
1	rote Paprika
1	gelbe Paprika
1	gr. rote Zwiebel
etwas	Öl zum Braten
150 g	Speckwürfel

Für die Soße

250 ml	Wasser
2 EL	Tomatenketchup
6 EL	Tomatenmark
1 EL	Balsamicoessig, dunkel
1 TL	Salz
1/4 TL	Pfeffer, gem.
1 TL	Currypulver
1 TL	Paprikapulver, rosenscharf

Tipp

Wer es gerne scharf mag, gibt etwas Chilipulver zur Soße!

4 Port.

Servieren Sie dazu Pommes oder Baguette!

1

Schweineschnitzel und Paprika in mundgerechte Würfel schneiden. Zwiebel halbieren und in Scheiben schneiden. Zwiebel und Paprika in einer Pfanne in heißem Öl anbraten und herausnehmen. Speckwürfel ohne Öl anbraten. Fleischwürfel zugeben und mitbraten.

2

Alle Zutaten für die Soße in eine Schüssel geben und gut verrühren.

3

Soße, Paprika und Zwiebeln mit in die Pfanne geben und gut vermengen. Bei mittlerer Hitze ca. 3 Min. köcheln lassen.

Pro Portion: 302 kcal | 13 g KH | 36 g EW | 11 g Fett

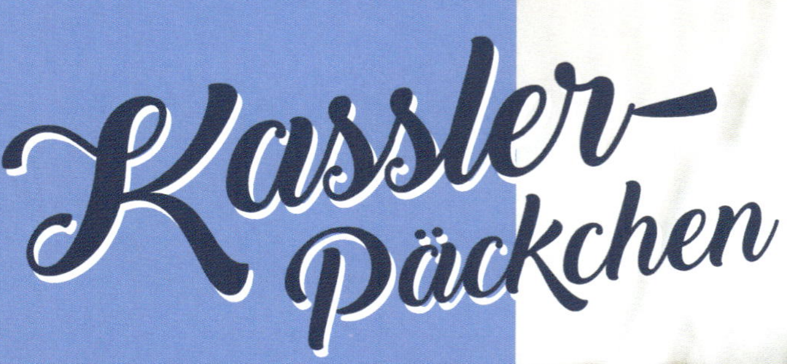

Kassler-Päckchen

Zutaten

1 Rolle Blätterteig
2 Scheiben Kassler, gegart (ca. 280 g)
1 kl. Dose Ananas-Scheiben (Abtr.gew. 140 g)
1 Eigelb
etwas Wildpreiselbeeren

Für die Caprese-Variante

1 Rolle Blätterteig
3 Tomaten
1 Maxi-Mozzarella (200 g)
6 Basilikumblätter
etwas Salz & Pfeffer

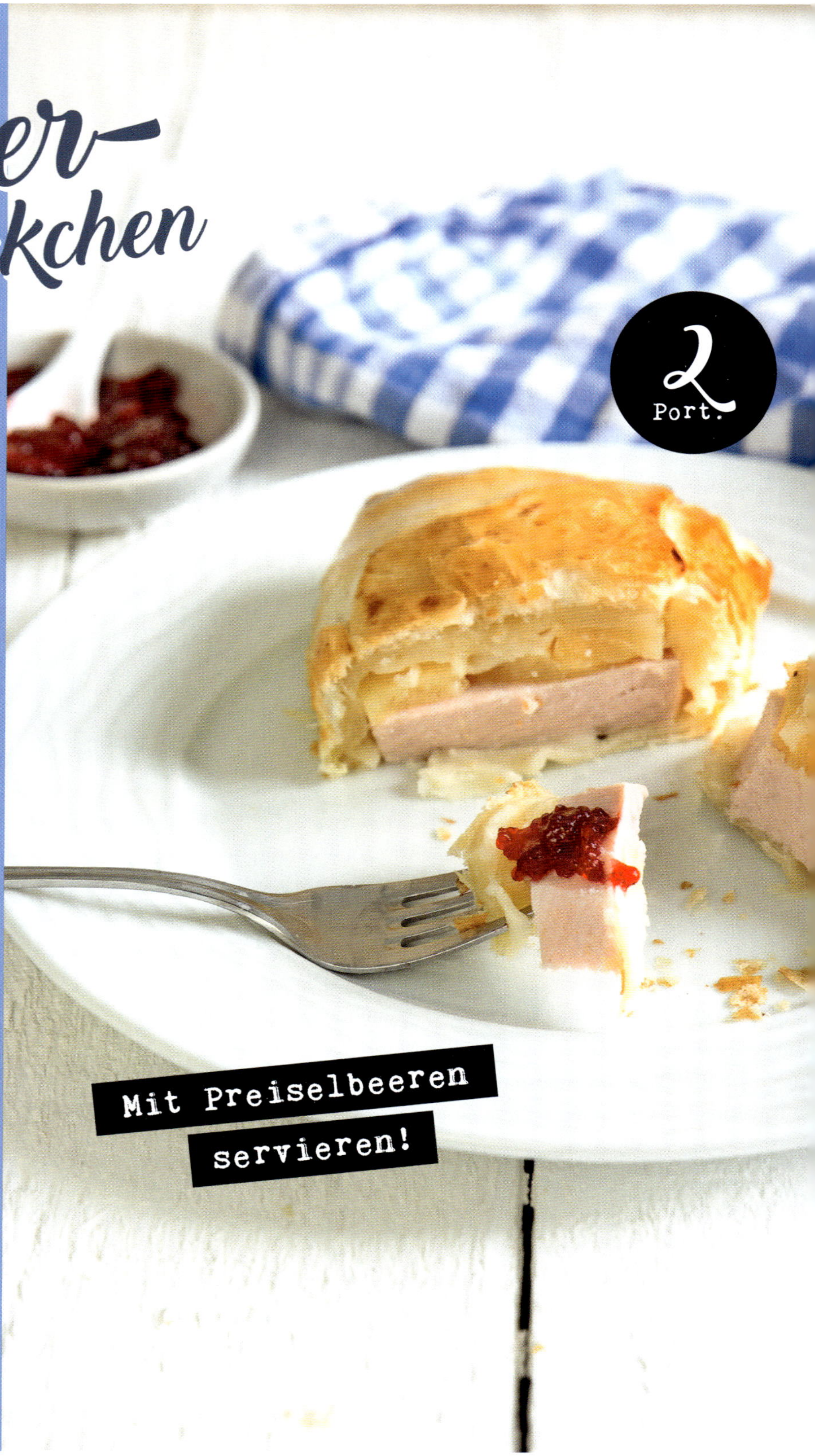
2 Port.
Mit Preiselbeeren servieren!

Backofen auf 200°C Umluft vorheizen. Blätterteig ausrollen und halbieren. Auf jede Hälfte mittig ein Kassler platzieren. Ananas-Scheiben gut abtropfen und auf jedes Kassler eine Scheibe legen.

Blätterteig wie ein Päckchen verschließen. Eigelb in einer Tasse verquirlen und Päckchen damit bestreichen. Im vorgeheizten Backofen ca. 15 Min. backen.

Pro Portion: 786 kcal | 64 g KH | 38 g EW | 42 g Fett

Pro Stück (Caprese): 259 kcal | 18 g KH | 9 g EW | 17 g Fett

Für die Caprese Variante: Tomaten und Mozzarella in je 12 Scheiben schneiden. Blätterteig ausrollen und in 6 gleich große Rechtecke schneiden. Auf jedes Rechteck je 2 Scheiben Tomaten und Mozzarella sowie ein Basilikumblatt legen. Mit etwas Salz & Pfeffer würzen. Päckchen gut verschließen und im vorgeheizten Backofen ca. 10-15 Min. backen.

Mexican Fajita

Zutaten

1 Paprika-Mix (500 g)
1 gr. Zwiebel
300 g Hähnchengeschnetzeltes
3 EL Öl
1 EL Paprikapulver, rosenscharf
1 TL Salz
1/4 TL Pfeffer, gem.
2 Msp. Zimt
1 Msp. Kreuzkümmel
1 TL Zwiebel, granuliert

Außerdem

4 Tortilla-Wraps (Ø 25 cm)
100 g Crème fraîche
1 EL Milch, 1,5%
etwas Salz, Pfeffer & Paprikapulver, rosenscharf
8-10 EL Salsasauce
8 EL geriebener Cheddarkäse (ca. 100 g)

20 Minuten

Paprika und Zwiebel in Streifen schneiden und in eine Schüssel geben. Hähnchenfleisch, Öl und Gewürze zugeben und gut vermengen.

Fleisch und Paprika in einer beschichteten Pfanne anbraten. Ggf. noch etwas Öl zugeben. In der Zwischenzeit Tortilla-Wraps im Ofen bei 100°C erwärmen. Crème fraîche und Milch in einer kleinen Schüssel glatt rühren. Mit Salz, Pfeffer und Paprikapulver kräftig würzen.

Tortillas mit Salsasauce bestreichen, Fleisch-Paprika-Gemisch aus der Pfanne darauf geben und mit Cheddarkäse bestreuen. Zum Schluss etwas Dip darauf geben und servieren.

Pro Portion: 527 kcal | 37 g KH | 31 g EW | 27 g Fett

Hackpfanne "Orient"

4 Port.

Zutaten

1	Zwiebel
1	rote Paprika
1	grüne Chilischote
500 g	gemischtes Hackfleisch
etwas	Salz & Pfeffer
etwas	Öl zum Braten
200 ml	Wasser
1 TL	Kreuzkümmel, gem.
2 EL	Tomatenmark
1 EL	Paprikapulver, edelsüß
1 Dose	Kichererbsen (Abtr.gew. 265 g)
200 g	Fetakäse
etwas	frische Petersilie, gehackt

Zwiebel, Paprika und Chilischote in Ringe schneiden. Hackfleisch mit etwas Salz und Pfeffer würzen und in einer Pfanne in heißem Öl anbraten. Wasser, Zwiebel, Paprika und Chili zugeben. Paprikapulver und Kreuzkümmel zugeben und alles gut vermengen. Ca. 5 Min. köcheln lassen.

2

Kichererbsen unter fließendem Wasser waschen und zusammen mit dem Tomatenmark in die Pfanne zugeben. Gut vermengen und erhitzen. Ggf. noch einmal mit Salz und Pfeffer abschmecken. Mit zerbröseltem Fetakäse und gehackter Petersilie bestreut servieren.

Pro Portion: 499 kcal | 15 g KH | 37 g EW | 31 g Fett

Gyros-Taschen

Servieren Sie dazu etwas Zaziki!

Zutaten

400 g Hähnchengeschnetzeltes
etwas Salz, Pfeffer, Oregano & Paprikapulver
1 EL Öl
4 Champignons
1/2 rote Paprika
1 Zwiebel
4 Pita-Taschen (Weizenbrottaschen)

etwas Crème fraîche
etwas frische Petersilie

Für die Soße

1 EL Sherry, trocken
5 EL Sahne
1 EL Tomatenmark
1 EL Milch, 1,5%
1 TL Oregano, getr.
1 TL Paprikapulver, rosenscharf
1/2 TL Salz
1/4 TL Pfeffer, gem.
2 Prisen Zucker
1 EL Crème fraîche

Hähnchenfleisch mit Salz, Pfeffer, Oregano und Paprikapulver würzen. 1 EL Öl zugeben und marinieren. In der Zwischenzeit Champignons in Scheiben und Paprika in Streifen schneiden. Zwiebel in Ringe schneiden.

Fleisch in einer beschichteten Pfanne anbraten. Champignons und Paprika zugeben und mitbraten. Zutaten für die Soße in einer Schüssel verrühren. Mit in die Pfanne gießen und vermengen.

Pita-Taschen im Toaster erwärmen und mit Gyros füllen. Mit Zwiebelringen und einem Klecks Crème fraîche servieren. Wer möchte, gibt noch etwas gehackte Petersilie darüber.

Pro Stück: 406 kcal | 44 g KH | 32 g EW | 10 g Fett

Hawaii

6 Stück

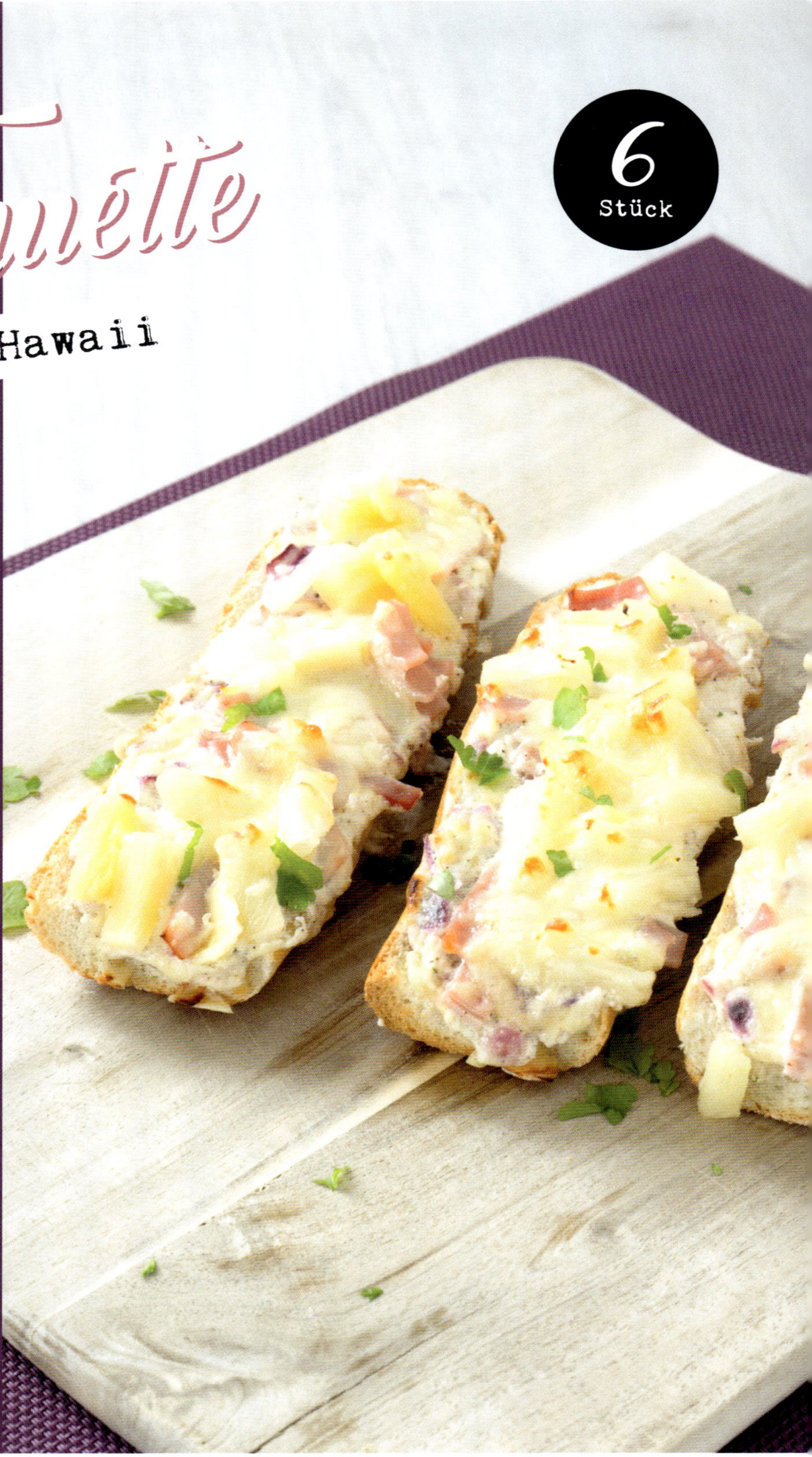

Zutaten

1	Stangenbaguette
80 g	geriebener Käse (z.B. Emmentaler)*
1/2	rote Zwiebel
2	Knoblauchzehen
150 g	Crème fraîche
100 g	Naturjoghurt, 3,5%, stichfest
1 TL	Zitronensaft
1/2 TL	Salz
1/4 TL	Pfeffer, gem.
1/2 TL	Gemüsebrühpulver
100 g	Kochschinken
150 g	Ananasstücke, abgetropft (Dose)

*Für Thermomix-Nutzer: Käse (z.B. Emmentaler) am Stück kaufen.

Baguette in 3 Teile schneiden und diese halbieren, sodass man 6 Hälften erhält. Backofen auf 200°C Umluft vorheizen.

Zwiebel und Knoblauch fein hacken. Mit Crème fraîche, Joghurt, Zitronensaft und Gewürzen in einer Schüssel zu einer Creme verrühren. Masse auf die Baguettes streichen.

Käse im Mixtopf **6 Sek./Stufe 8** zerkleinern. Umfüllen. Zwiebel und Knoblauch **5 Sek./Stufe 5** zerkleinern. Crème fraîche, Joghurt, Zitronensaft und Gewürze zugeben und **20 Sek./Stufe 3** verrühren. Masse auf die Baguettes streichen.

Schinken in kleine Streifen schneiden. Ananasstücke ggf. noch einmal kleiner schneiden. Die Baguettes damit belegen und mit Käse bestreuen. Im vorgeheizten Backofen ca. 12 Min. überbacken.

Pro Stück: 264 kcal | 25 g KH | 11 g EW | 13 g Fett

Beef & Cheese Mac

Zutaten

1/2 Zwiebel
250 g Rinderhackfleisch
etwas Salz & Pfeffer
etwas Öl zum Braten
250 g kl. Hörnchennudeln (6 Min. Kochzeit)

Für die Soße

75 g Sahne
1 Ecke Sahneschmelzkäse
100 g geriebener Cheddar
50 ml Milch, 1,5%
1/2 TL Knoblauch, granuliert
3/4 TL Salz
1/4 TL Pfeffer, gem.
2 Msp. Muskat, gem.
1/2 TL Paprikapulver, rosenscharf
1/2 TL Paprikapulver, edelsüß
etwas frische Petersilie, gehackt

Tipp

Wer möchte, kann etwas Chilipulver dazugeben.

Zwiebel fein hacken und in einer Pfanne mit Öl anbraten. Hackfleisch mit Salz und Pfeffer würzen, zugeben und mitbraten. Nudeln in reichlich kochendem Salzwasser garen.

Alle Zutaten für die Soße in eine Schüssel geben und gut verrühren.

Zutaten für die Soße im Mixtopf **10 Sek./Stufe 3** vermengen.

Soßengemisch zum Hackfleisch in die Pfanne geben und erhitzen, bis der Käse geschmolzen ist. Abgesiebte Nudeln zugeben und alles gut vermengen. Fertig!

Pro Portion: 551 kcal | 50 g KH | 27 g EW | 27 g Fett

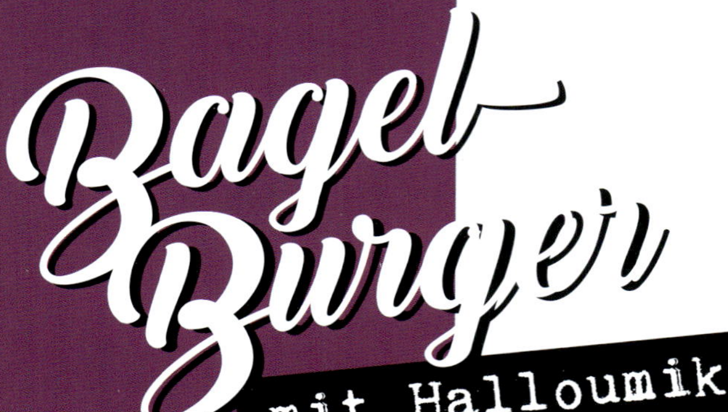

Bagel Burger mit Halloumikäse

4 Burger

Zutaten

4	Bagels
225-250 g	Halloumikäse
1 TL	Butter
4	Salatblätter
2	Tomaten
1/4	Salatgurke
1	rote Zwiebel

Für die Soße

1	rote Zwiebel
etwas	Öl zum Braten
2 EL	Balsamicoessig, dunkel
2 EL	Weißweinessig
75 ml	Wasser
1 EL	Speisestärke
40 g	Honig
40 g	Agavendicksaft
1 TL	brauner Zucker
2 TL	Zitronensaft
1 TL	Mohn
1/2 TL	Salz
1 Msp.	Pfeffer, gem.

Mit Sweet-Onion-Sauce!

Backofen auf 180°C Umluft vorheizen. Bagels aufschneiden und auf ein mit Backpapier belegtes Backblech legen. Halloumikäse in 8 Scheiben schneiden. Tomaten, Gurke und Zwiebel ebenfalls in Scheiben schneiden. Halloumischeiben in einer Pfanne in Butter von beiden Seiten anbraten, herausnehmen und mit auf das Backblech legen.

Für die Soße Zwiebel in Würfel schneiden und in einer Pfanne in etwas Öl anbraten. Restliche Zutaten für die Soße in einer Tasse verrühren. Sobald die Zwiebeln angebraten sind, Soße zugießen und unter Rühren ca. 1-2 Min. köcheln lassen.

Zwiebel (halbiert) im Mixtopf **5 Sek./Stufe 5** zerkleinern. Mit dem Spatel nach unten schieben, etwas Öl zugeben und **2 Min./120°C/Stufe 1** dünsten. Restliche Zutaten für die Soße zugeben und **3:30-4 Min./100°C/Stufe 3** verrühren.

Backblech in den vorgeheizten Ofen geben und 5 Min. garen. Bagel mit etwas Soße bestreichen. Mit Salat, Käse, Tomaten, Gurke und Zwiebel belegen und noch einmal etwas Soße darüber geben.

Pro Burger: 632 kcal | 73 g KH | 25 g EW | 26 g Fett

Maispuffer mit Dip

Zutaten

2	Karotten
1 Dose	Mais (Abtr.gew. 285 g)
250 g	Magerquark
3	Eier
1 TL	Salz
1/4 TL	Pfeffer, gem.
1/2 TL	Paprikapulver, rosenscharf
110 g	Weizenmehl, Type 405
1 TL	Backpulver
etwas	Öl zum Braten

Für den Dip

150 g	Crème légère
100 g	Naturjoghurt, 3,5%
1 TL	Sambal Oelek
1 Prise	Salz & Pfeffer

Alle Dip-Zutaten in einer kleinen Schüssel verrühren.

Karotten mit einer Reibe fein raspeln. Mais abtropfen lassen. Quark, Eier und Gewürze in einer Schüssel verrühren. Mehl und Backpulver zugeben und vermengen. Mais und Karottenraspel zugeben und unterheben.

Karotten in Stücken in den Mixtopf geben und **6 Sek./Stufe 6** zerkleinern. Mais abtropfen lassen und mit den restlichen Zutaten für die Puffer zugeben und **20 Sek./⟲/Stufe 3** vermengen.

Etwas Öl in einer Pfanne erhitzen. Pro Puffer 1 EL der Masse in die heiße Pfanne geben, etwas flach drücken und von jeder Seite ca. 2 Min. braten. Zusammen mit Dip servieren.

Tipp

Die Puffer können bis zum Servieren bei 100°C im Ofen warm gehalten werden.

Pro Portion: 355 kcal | 36 g KH | 20 g EW | 12 g Fett

Schweinefilet
in Rahmsoße

Zutaten

400 g Schweinefilet
5-6 Scheiben Serranoschinken
etwas Öl zum Braten
1 rote Zwiebel
250 g frische Eierspätzle
etwas frische Petersilie, gehackt

Für die Soße

1 EL Butter
1 EL Weizenmehl, Type 405
100 g Sahne
100 ml Wasser
70 ml Milch, 1,5%
1 TL Gemüsebrühpulver
1 TL Tomatenmark
1/2 TL Salz
1/4 TL Pfeffer, gem.

Tipp:
Für eine größere Runde können Sie die Menge auch verdoppeln.

15 Minuten

Schweinefilet in 5-6 Medaillons schneiden und mit je einer Scheibe Serranoschinken umwickeln. In einer Pfanne in etwas Öl anbraten. Dabei immer wieder wenden. Fleisch aus der Pfanne nehmen und beiseitestellen.
Nun Zwiebel in Ringe schneiden und in etwas Öl anbraten. Ebenso herausnehmen.

2

Butter in die heiße Pfanne geben und erhitzen, bis die Butter schäumt. Mehl zugeben und verrühren. Restliche Zutaten für die Soße zugeben und verrühren.
Immer weiter rühren, bis die Soße andickt. Spätzle, sowie Fleisch wieder zugeben und alles noch einmal erhitzen.

Mit Petersilie und Zwiebelringen bestreut servieren.

Pro Portion: 845 kcal | 48 g KH | 69 g EW | 38 g Fett

Hüttenteller

Deftig lecker!

Zutaten

1	rote Zwiebel
etwas	Öl zum Braten
1 EL	Butter
500 g	Schupfnudeln (Kühltheke)
etwas	Salz & Pfeffer
50 g	Speckwürfel
350 g	mildes Sauerkraut (3-Minuten-Kraut)
80 g	Schmand
2 Msp.	Muskat, gem.
1/2 TL	Gemüsebrühpulver
2 EL	Wasser
1	Frühlingszwiebel, in Ringe geschnitten
2 EL	Röstzwiebeln

Tipp

Wer möchte, kann noch etwas Bergkäse darüber reiben.

Zwiebel halbieren und in Scheiben schneiden. Etwas Öl in einer Pfanne erhitzen und die Zwiebelringe darin anbraten. Herausnehmen und beseitestellen.

2

Butter in die heiße Pfanne geben und erhitzen, bis die Butter schäumt. Schupfnudeln zugeben und anbraten. Mit Salz und Pfeffer würzen. Speckwürfel, Kraut, Schmand, Muskat, Gemüsebrühpulver und Wasser zugeben und gut vermengen. Alles ca. 3-4 Min. erhitzen und mit Frühlingszwiebelringen und Röstzwiebeln bestreut servieren.

Pro Portion: 434 kcal | 53 g KH | 12 g EW | 18 g Fett

Cremiges Tomaten-Hähnchen

2 Port.

Zutaten

350 g	Hähnchenbrust-Innenfilets
1 EL	Sojasoße
2 TL	Honig
1 EL	Zitronensaft
etwas	Salz & Pfeffer
etwas	Öl zum Braten

Für die Soße

50 g	getrocknete Tomaten
1 Handvoll	Basilikumblätter
100 g	Doppelrahm-Frischkäse
125 ml	Milch, 1,5%
1 Spritzer	Zitronensaft
1 EL	Parmesan, gerieben
1 TL	Oregano, getr.
1/4 TL	Salz
1/4 TL	Pfeffer, gem.

Tipp:
Die Soße ist sehr cremig. Wer die Soße flüssiger möchte, kann noch etwas Milch zugeben.

Servieren Sie dazu Baguette oder Nudeln!

15 Minuten

Hähnchenfleisch mit Sojasoße, Honig, Zitronensaft sowie etwas Salz und Pfeffer in einen Gefrierbeutel geben und darin marinieren.

Getrocknete Tomaten sowie Basilikumblätter in Streifen schneiden. Zusammen mit den restlichen Zutaten für die Soße in eine Schüssel geben und verrühren.

Getrocknete Tomaten und Basilikumblätter in den Mixtopf geben und **5 Sek./Stufe 6** zerkleinern. Mit dem Spatel nach unten schieben, restliche Zutaten zugeben und **10 Sek./Stufe 3** verrühren.

Hähnchen in einer Pfanne in etwas Öl anbraten. Soße hinzugeben und kurz aufkochen lassen.

Pro Portion: 508 kcal | 25 g KH | 52 g EW | 24 g Fett

Hackfleisch-Käse-Toast

6 Toast

Mix ohne Fix!

Zutaten

6 Scheiben Toast (z.B. Vollkorntoast)
1 große Tomate
250 g gemischtes Hackfleisch
etwas Salz & Pfeffer
etwas Öl zum Anbraten

75 g Gouda, gerieben*
35 g Parmesan, gerieben*
1 Knoblauchzehe
1/2 Zwiebel
1 EL Röstzwiebeln
1 EL Öl
30 g Tomatenmark
1 haselnussgr. Portion Senf, mittelscharf
2 EL Wasser
1/4 TL Pfeffer, gem.
1 TL Paprikapulver, edelsüß
1/2 TL Salz
1/2 TL Oregano, getr.
1/2 TL Thymian, getr.

*Für Thermomix-Nutzer: Käse am Stück kaufen

Tipp
Wer möchte, gibt noch etwas Gemüsemais mit in die Hackmasse.

Backofen auf 200°C Umluft vorheizen. Ein Backblech mit Backpapier auslegen und die Toastscheiben darauf verteilen. Tomate klein würfeln. Hackfleisch mit Salz und Pfeffer würzen und in einer Pfanne in etwas Öl anbraten.

Knoblauch und Zwiebel fein hacken. Zusammen mit den Röstzwiebeln zum Hackfleisch geben und mit anbraten. Tomatenwürfel, Tomatenmark, Senf, Wasser und Gewürze zugeben und vermengen.

Gouda und Parmesan in Stücken im Mixtopf **4 Sek./Stufe 8** zerkleinern. Umfüllen. Knoblauch, Zwiebel und Röstzwiebeln im Mixtopf **5 Sek./Stufe 5** zerkleinern. Mit dem Spatel nach unten schieben, Öl zugeben und **2 Min./120°C/Stufe 1** dünsten. Tomatenwürfel, Tomatenmark, Senf, Wasser und Gewürze zugeben. Gebratenes Hackfleisch zugeben und **5 Sek./⟲/Stufe 3** vermengen.

Masse auf den Toastscheiben verteilen, mit Käse bestreuen und im vorgeheizten Backofen ca. 8 Min. überbacken.

Pro Portion: 265 kcal | 14 g KH | 15 g EW | 16 g Fett

Geschnetzeltes Diavolo

Zutaten

1 rote Chilischote
1 kl. Zwiebel
1 Knoblauchzehe
400 g Putengeschnetzeltes
etwas Salz & Pfeffer
etwas Öl zum Braten

Für die Soße

100 g Sahne
100 ml Wasser
100 g Doppelrahm-Frischkäse
1 Spritzer Zitronensaft
1/2 TL Gemüsebrühpulver
1/2 TL Currypulver
1/4-1/2 TL Cayennepfeffer, gem.

8 Mini-Pepperballs, aus dem Glas (z.B. von Dittmann)
etwas frische Petersilie, gehackt

Chili, Zwiebel und Knoblauch fein hacken. In einer Pfanne in heißem Öl ca. 1 Min. andünsten. Geschnetzeltes mit Salz und Pfeffer würzen und mitbraten. Alle Zutaten für die Soße in einer kleinen Schüssel verrühren und mit zum Geschnetzelten in die Pfanne geben.

Chili, Zwiebel und Knoblauch im Mixtopf **5 Sek./Stufe 5** zerkleinern. Mit dem Spatel nach unten schieben, Öl zugeben und **1 Min./100°C/Stufe 1** dünsten. Restliche Zutaten für die Soße zugeben und **10 Sek./Stufe 3** vermengen. Geschnetzeltes mit Salz und Pfeffer in einer Pfanne in heißem Öl anbraten. Soße aus dem Mixtopf zugeben und erhitzen.

2

Mini-Pepperballs halbieren und zusammen mit gehackter Petersilie zum Geschnetzelten geben und vermengen. Servieren Sie dazu Expressreis oder Baguette.

Pro Portion: 598 kcal | 9 g KH | 52 g EW | 39 g Fett

Maultaschen
Jäger Art

4 Port.

Zutaten

500 g	Maultaschen (Kühltheke)
150 g	Champignons
1	rote Zwiebel
50 g	rohe Schinkenwürfel
etwas	Öl zum Braten
1 EL	Butter
1	Ei
2 EL	Milch, 1,5%
2 EL	Sahne
1/2 TL	Salz
1/4 TL	Pfeffer, gem.
1 Msp.	Muskat, gem.
1/2 TL	Paprikapulver, edelsüß
3 Scheiben	Bergkäse (80 g)
etwas	Schnittlauch zum Bestreuen

15 Minuten

1

Maultaschen, Champignons und Zwiebel in Scheiben schneiden. Bergkäsescheiben in kleine Würfelchen schneiden.

2

Champignons in etwas Öl anbraten und wieder herausnehmen. Zwiebel und Schinkenwürfel anbraten und zu den Champignons geben. Nun die Maultaschenstreifen in einer Pfanne mit Butter anbraten. Ei, Milch, Sahne und Gewürze in einer Tasse verrühren. Über die Maultaschen gießen und vermengen. Käse, Champignons, Zwiebel und Schinkenwürfel wieder zugeben und solange erhitzen, bis der Käse geschmolzen ist. Mit Schnittlauch bestreut servieren.

Pro Portion: 406 kcal | 27 g KH | 24 g EW | 22 g Fett

Türkische Pizza

Lahmacun

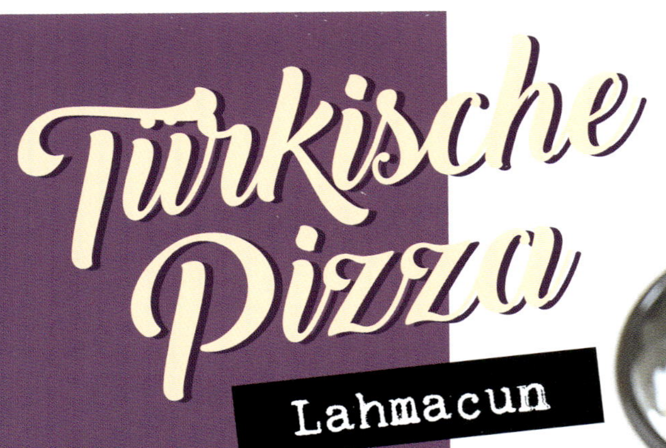

3 Stück

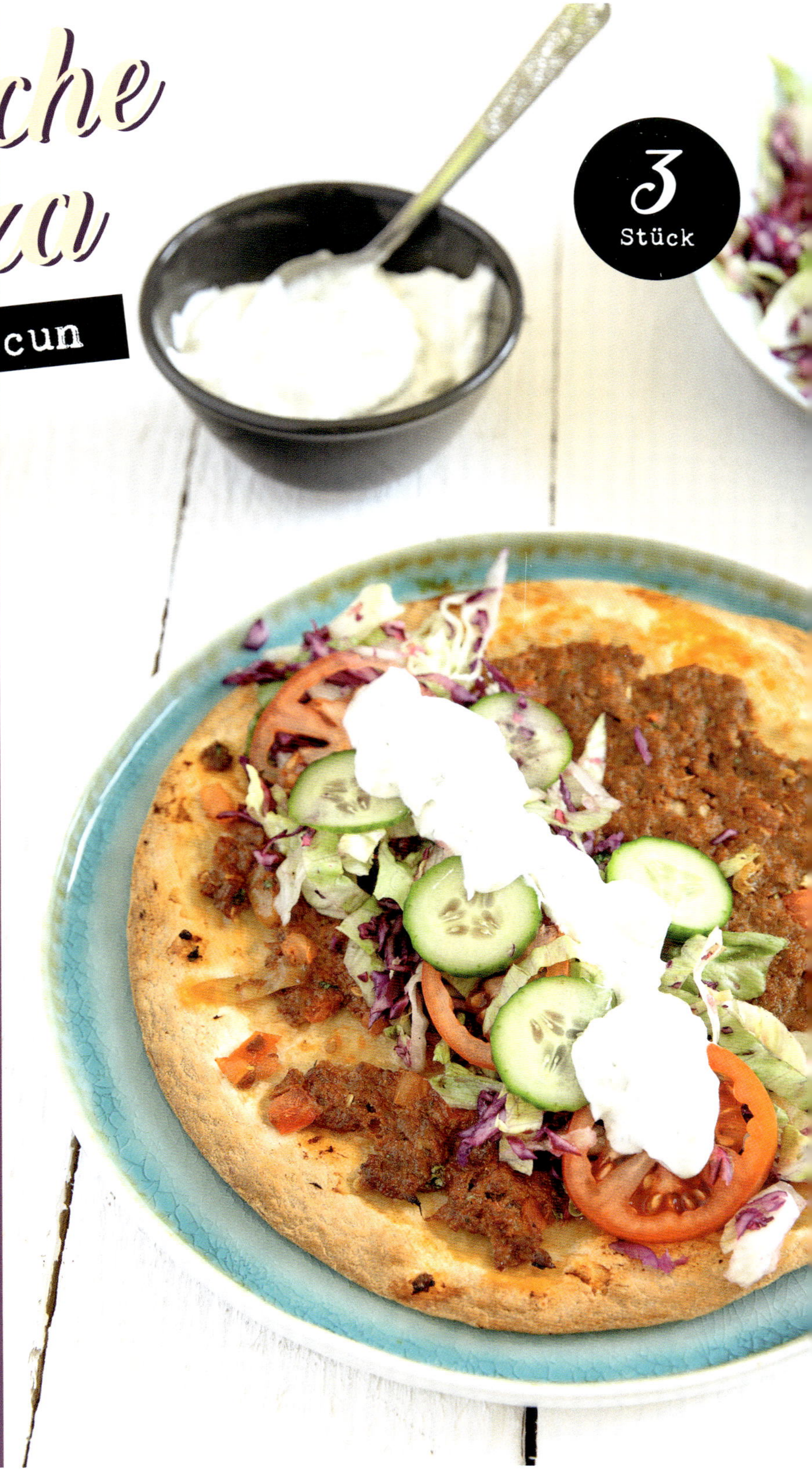

Für die Pizza

3 Tortilla-Wraps (Ø 25 cm)
250 g Rinderhackfleisch
1 gr. Handvoll Petersilie
2 eingelegte milde Peperoni
1 Tomate
2 EL Paprikamark
1 TL Zwiebel, granuliert
1 TL Knoblauch, granuliert
1 TL Salz
1/4 TL Pfeffer, gem.
1 TL Oregano, getr.

Zum Belegen

2 Tomaten
1/4 Salatgurke
1/4 Kopf Rotkraut
1/4 Kopf Eisbergsalat
150 g Zaziki
etwas Salz & Pfeffer
etwas Essig
etwas Öl

Backofen auf 180°C Umluft vorheizen.

Petersilie fein hacken. Peperoni und Tomate in kleine Würfel schneiden, in eine große Schüssel geben. Hackfleisch, Paprikamark und Gewürze zugeben und mit den Händen gut verkneten.

Petersilie und Peperoni im Mixtopf **3 Sek./Stufe 6** zerkleinern. Tomate in kleine Würfel schneiden und zugeben. Hackfleisch, Paprikamark und Gewürze zugeben und **15 Sek./⟲/Stufe 3** verrühren.

Hackfleischmasse auf die Tortilla-Fladen geben und andrücken. Im vorgeheizten Backofen auf zwei Backblechen verteilt ca. 5 Min. backen.

In der Zwischenzeit Tomaten und Gurke in Scheiben schneiden. Kraut mit einer Reibe raspeln und Salat in Streifen schneiden. Beides in eine Schüssel geben und mit etwas Salz, Pfeffer, Essig und Öl marinieren. Türkische Pizza mit Salat, Tomate, Gurke und Zaziki belegen und sofort servieren.

Pro Pizza: 447 kcal | 36 g KH | 25 g EW | 22 g Fett

Toast Cordon Bleu

mit Countrykartoffeln

Für die Ofenkartoffeln

1 kg	kleine Kartoffeln (Drillinge)
1 EL	Salz
3 EL	Öl
1 EL	Zwiebeln, granuliert
1 EL	Oregano, getr.
1 EL	Paprikapulver, rosenscharf

Für das Cordon Bleu

8 Scheiben	Sandwichtoast
4 Scheiben	Bergkäse
4 Scheiben	Kochschinken
2	Eier
3 EL	Milch, 1,5%
1 TL	Salz
1/4 TL	Pfeffer, gem.
1 TL	Paprikapulver, edelsüß
ca. 150 g	Paniermehl
etwas	Öl zum Braten

20 Minuten

Backofen auf 220°C Umluft vorheizen. Kartoffeln waschen und je nach Größe halbieren oder vierteln. Kartoffeln in einer Schüssel mit Öl und Gewürzen gut vermengen und auf ein mit Backpapier belegtes Backblech geben. Im vorgeheizten Backofen 15 Min. garen.

In der Zwischenzeit von den Toastscheiben die Rinde abschneiden und mit einem Nudelholz flach ausrollen. Auf vier Scheiben Toast je eine Scheibe Käse und Schinken legen und mit einer Scheibe Toast abdecken. Das Ganze noch einmal ausrollen.

Eier mit Milch und Gewürzen in einem tiefen Teller verquirlen. Paniermehl in einen weiteren tiefen Teller geben. Toast in Eimasse tauchen und in Paniermehl wenden. Toast Cordon Bleu in einer Pfanne in heißem Öl von beiden Seiten anbraten. Zusammen mit den Kartoffeln servieren.

Pro Portion: 779 kcal | 103 g KH | 31 g EW | 26 g Fett

Tuna-Gnocchi

2 Port.

Zutaten

1	rote Zwiebel
etwas	Öl zum Braten
1 TL	Zucker
200 g	stückige Tomaten
100 g	Crème fraîche
1 Dose	Thunfisch, ohne Öl (Abtr.gew. 130 g)
1/2 TL	Gemüsebrühpulver
1/2 TL	Salz
1/4 TL	Pfeffer, gem.
1 TL	Oregano, getr.
400 g	Gnocchi (Kühltheke)
etwas	frische Petersilie, gehackt

Tipp

Sie können auch gekochte Spaghetti anstelle von Gnocchi verwenden. Wer möchte, kann noch etwas Parmesan darüber streuen.

Zwiebel halbieren und in feine Ringe schneiden. In einer Pfanne in etwas Öl anbraten. Dann Zucker zugeben und Zwiebel karamellisieren.

Restliche Zutaten mit in die Pfanne geben, vemengen und 3-5 Min. köcheln lassen. Dabei immer wieder rühren. Mit gehackter Petersilie bestreut servieren.

Pro Portion: 629 kcal | 72 g KH | 32 g EW | 22 g Fett

Chili con Carne

Grundrezept

4 Port.

Zutaten

1	Zwiebel
500 g	gemischtes Hackfleisch
etwas	Öl zum Braten
2 EL	Tomatenmark
1 Spritzer	Zitronensaft
1/4 TL	Pfeffer, gem.
1/2 TL	Salz
1 TL	Zucker
1/4 TL	Currypulver
1/4 TL	Chilipulver
1 TL	Paprikapulver, rosenscharf
1/2 TL	Kreuzkümmel, gem.
1 TL	Oregano, getr.
1 Msp.	Zimt
1 TL	Paprikapulver, geräuchert
1 TL	Knoblauch, granuliert
1/2 TL	Cayennepfeffer, gem.
1 Dose	Kidneybohnen (Abtr.gew. 250 g)
1 Dose	stückige Tomaten (400 g)

1

Zwiebel fein hacken. Hackfleisch mit etwas Salz und Pfeffer würzen und zusammen mit der Zwiebel in einer Pfanne in heißem Öl anbraten. Tomatenmark, Zitronensaft sowie alle Gewürze zugeben und 2-3 Min. weiter anbraten.

2

Kidneybohnen unter fließendem Wasser waschen und zusammen mit den stückigen Tomaten in die Pfanne zugeben. Das Ganze 2-3 Min. köcheln lassen.
Ggf. noch einmal mit Salz, Pfeffer und Chilipulver nach Geschmack abschmecken.

Pro Portion: 370 kcal | 18 g KH | 29 g EW | 18 g Fett

Variante 1:

Feierabend Nachoplatte

Zutaten

Chiligrundrezept siehe S. 82

1	Avocado
2	Tomaten
1 EL	Limettensaft
100 g	eingelegte Jalapeño-Scheiben (Glas)
1 Packung	Nachos (z.B. Tortillas Salted o. Cheese)
etwas	Paprikapulver, geräuchert

1

Zuerst Chili con Carne von Seite 82 zubereiten. Avocado und Tomaten in Würfel schneiden. Avocado-Würfel mit Limettensaft vermengen.

2

Nachos auf einer Platte auslegen und das gegarte Chili, Tomaten- und Avocado-Würfel sowie Jalapeño-Scheiben darüber geben. Das Ganze mit etwas geräuchertem Paprikapulver bestreut servieren.

Pro Portion: 736 kcal | 53 g KH | 34 g EW | 40 g Fett

Variante 2:

Chili Wraps

Zutaten

Chiligrundrezept siehe S. 82
4 Weizentortilla
1/2 Kopf Eisbergsalat
etwas Essig
100 g geriebener Cheddarkäse
150 g Schmand
etwas Chiliflocken

1

Zuerst Chili con Carne von Seite 82 zubereiten. Tortilla-Fladen bei 100°C Umluft im Backofen erwärmen. Eisbergsalat in Streifen schneiden und mit etwas Essig vermengen. Wraps mit Eisbergsalat, Cheddarkäse und Chili con Carne belegen. Einen Klecks Schmand darauf geben, mit Chiliflocken bestreuen und aufrollen.

Pro Wrap: 692 kcal | 41 g KH | 41 g EW | 38 g Fett

Variante 3:

Tex Mex Pizza

20 Minuten

Zutaten

Chiligrundrezept siehe S. 82
1 Fladenbrot
1 Dose stückige Tomaten (400 g)
etwas Salz & Pfeffer
1 kl. Dose Mais (Abtr.gew. 140 g)
150 g geriebener Cheddarkäse

1

Backofen auf 200°C Umluft vorheizen. Chili con Carne von Seite 82 zubereiten. Fladenbrot mittig durchschneiden. Jeden Boden mit stückigen Tomaten bestreichen und mit etwas Salz & Pfeffer würzen. Chili con Carne sowie abgetropften Mais darauf geben und mit geriebenem Käse bestreuen. Im vorgeheizten Backofen ca. 8 Min. backen.

Pro Portion (4): 801 kcal | 81 g KH | 47 g EW | 29 g Fett

Baked Italian Wraps

Zutaten

4 Tortilla-Wraps (Ø 25 cm)
100 g Doppelrahm-Frischkäse
100 g geriebener Käse
1 Bund Rucola
1 kl. Glas geröstete Paprika (150 g)
1 Zucchini
1 Tomate
etwas Salz & Pfeffer
1 TL Pizzagewürz
etwas Öl zum Braten
1 TL Tomatenmark

Variante

Sie können auch noch Oliven, Mozzarella, Artischocken, gebratene Champignons usw. zugeben. Der Fantasie sind keine Grenzen gesetzt!

Tortilla-Fladen auf der Arbeitsfläche auslegen, mit Frischkäse bestreichen und geriebenen Käse darüber streuen. Rucola und Paprika darauf geben.

Zucchini und Tomate in Würfel schneiden. Mit Salz, Pfeffer und Pizzagewürz würzen und in einer Pfanne in Öl anbraten. Tomatenmark zugeben und mit anschwitzen.

Gemüse mittig auf die bereits belegten Wraps geben und von jeder Seite einschlagen. Die Wrap-Päckchen in der Pfanne (ohne Öl) von jeder Seite ca. 1 Min. anrösten und servieren.

Pro Wrap: 339 kcal | 27 g KH | 14 g EW | 19 g Fett

Geschnetzeltes

Serbischer Art

6 Port.

Zutaten

800 g	Putengeschnetzeltes
4 TL	Gyrosgewürz
1	gr. Gemüsezwiebel
etwas	Öl zum Braten

Für die Soße

100 g	Sahne
100 ml	Milch, 1,5%
180 g	Fetakäse
60 ml	Rotwein, trocken
1 TL	Oregano, getr.
etwas	Salz & Pfeffer
etwas	frische Petersilie, gehackt

Servieren Sie dazu Baguette oder Expressreis!

Putenfleisch mit Gyrosgewürz würzen. Zwiebel fein hobeln. Zuerst das Fleisch in einer Pfanne in etwas Öl anbraten. Aus der Pfanne nehmen und beiseitestellen. Nun die Zwiebelringe im Bratfett andünsten, ebenso herausnehmen.

2

Alle Zutaten für die Soße in ein hohes Gefäß geben und pürieren.

Alle Zutaten für die Soße in den Mixtopf geben und **15 Sek./Stufe 8** pürieren.

Soße in die heiße Pfanne gießen und aufkochen lassen. Fleisch und Zwiebel wieder zugeben und 2 Min. köcheln lassen. Fertig!

Pro Portion: 325 kcal | 4 g KH | 37 g EW | 16 g Fett

Zucchini-Pfannkuchen

Zutaten

1	kl. Zucchini
etwas	Öl zum Braten
4	Eier
4 EL	Milch, 1,5%
5 EL	Weizenmehl, Type 405
etwas	Salz, Pfeffer & Paprikapulver, edelsüß
100 g	Fetakäse
etwas	frische Petersilie, gehackt

Tipp

Servieren Sie dazu einen Blattsalat und etwas Zaziki.

Zucchini mit einer Reibe fein raspeln.

Zucchini in Stücken in den Mixtopf geben und **3 Sek./Stufe 5** zerkleinern.

Zucchini in einer Pfanne in etwas heißem Öl anbraten. In der Zwischenzeit Teig herstellen.

Eier, Milch, Mehl und Gewürze mit einem Schneebesen gut verquirlen.

Eier, Milch, Mehl und Gewürze im Mixtopf **10 Sek./Stufe 5** mixen.

Teig über die Zucchini gießen und mit Fetakäse bestreuen. Auf mittlerer Hitze leicht stocken lassen. Pfannkuchen vierteln und wenden. Mit gehackter Petersilie bestreut servieren.

Pro Portion: 465 kcal | 32 g KH | 27 g EW | 25 g Fett

NEW ORLEANS

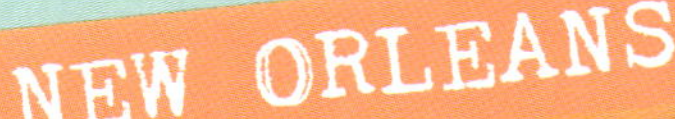

Po'Boy Fischsandwich

4 Stück

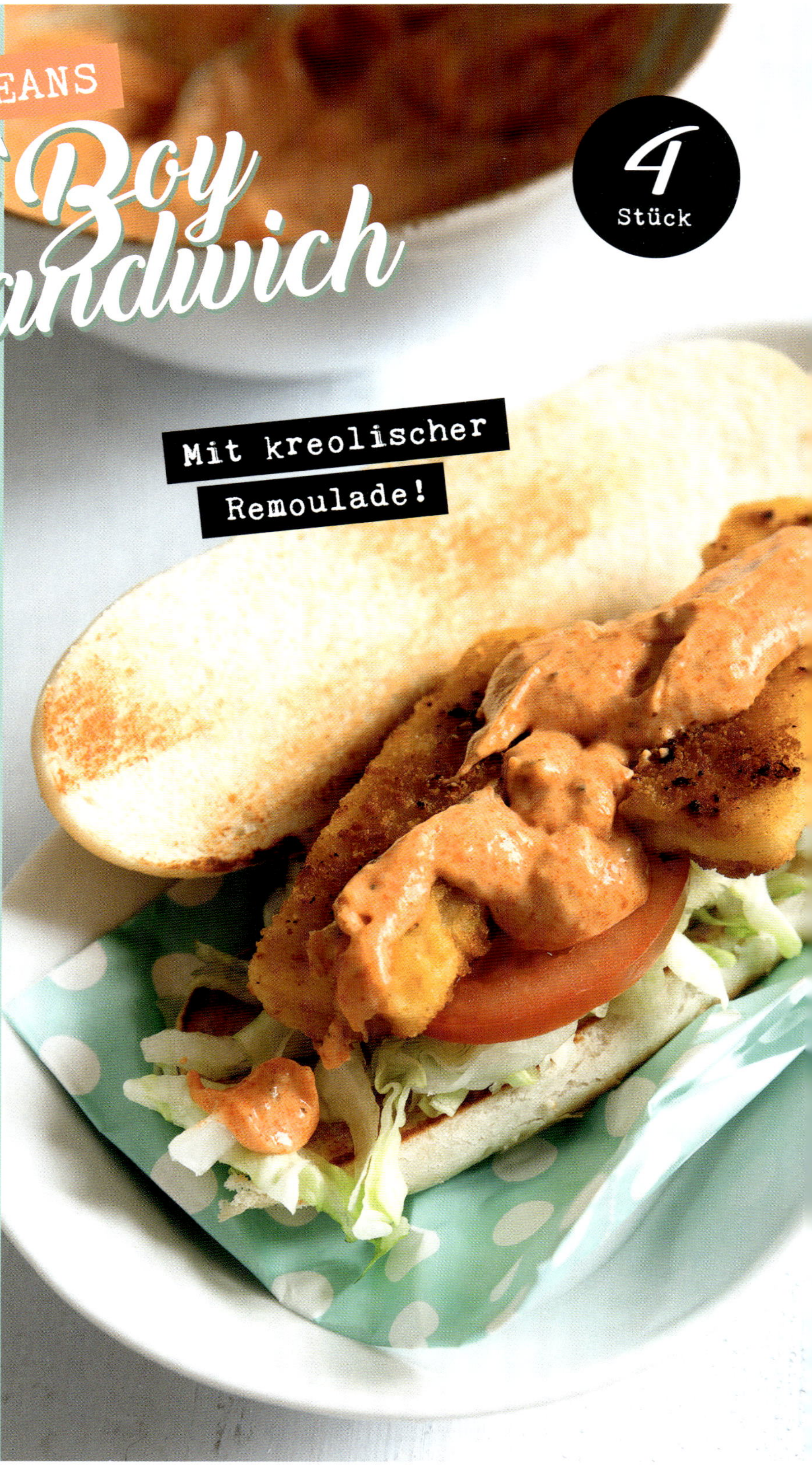

Mit kreolischer Remoulade!

Zutaten

4	Hotdog-Brötchen
8	Fischstäbchen
1/2 Kopf	Eisbergsalat
2	Tomaten

Für die Soße

100 g	Salatmayonnaise
1 gestr. EL	Paprikapulver, edelsüß
1 TL	Sahnemeerrettich
1 TL	Senf, mittelscharf
1 TL	Gurkensaft (von Essiggurken)
einige Tropfen	Tabasco
1/2 TL	Knoblauch, granuliert
1/2 TL	Zwiebeln, granuliert
2 Msp.	Pfeffer, gem.
1/2 TL	Thymian, getr.
1/2 TL	Majoran, getr.
etwas	Chiliflocken
2 Prisen	Salz

Zuerst alle Zutaten für die Soße in einer kleinen Schüssel gut verrühren. Salat putzen und in feine Streifen schneiden. Tomaten in Scheiben schneiden.

Fischstäbchen in einer Pfanne nach Packungsanweisung in etwas Öl anbraten. Hotdog-Brötchen halbieren. Sobald die Fischstäbchen fertig sind, die halbierten Brötchen mit der Schnittfläche nach unten in die Pfanne geben und kurz anrösten.

Brötchen mit etwas Soße bestreichen. Mit Salat, Tomaten und Fischstäbchen belegen und noch einmal etwas Soße darüber geben. Sofort servieren.

Pro Sandwich: 452 kcal | 49 g KH | 15 g EW | 21 g Fett

Bavarian Leberkäse-Hotdogs

4 Hotdogs

Zutaten

4	Laugenstangen
200 g	Leberkäse
etwas	Öl zum Braten
1/2 Kopf	Eisbergsalat
1	Zwiebel
4 TL	Röstzwiebeln
8	Cornichons

Für die Soße

150 g	Schmand
2 EL	Senf, süß
etwas	Schnittlauchröllchen
etwas	Salz & Pfeffer

Zuerst alle Zutaten für die Soße in einer kleinen Schüssel gut verrühren. Salat putzen und in feine Streifen schneiden. Cornichons in Scheiben schneiden. Leberkäse in Würfel schneiden und Zwiebel feine Ringe hobeln.

Leberkäsewürfel in einer Pfanne in heißem Öl anbraten. Zwiebelringe zugeben und mit andünsten.

Laugenstangen der Länge nach aufschneiden und mit etwas Soße bestreichen. Mit Salat, Zwiebeln, Cornichons und Leberkäse füllen und erneut etwas Soße darüber geben. Mit Röstzwiebeln bestreut servieren.

Pro Hotdog: 497 kcal | 52 g KH | 17 g EW | 24 g Fett

2 Port.

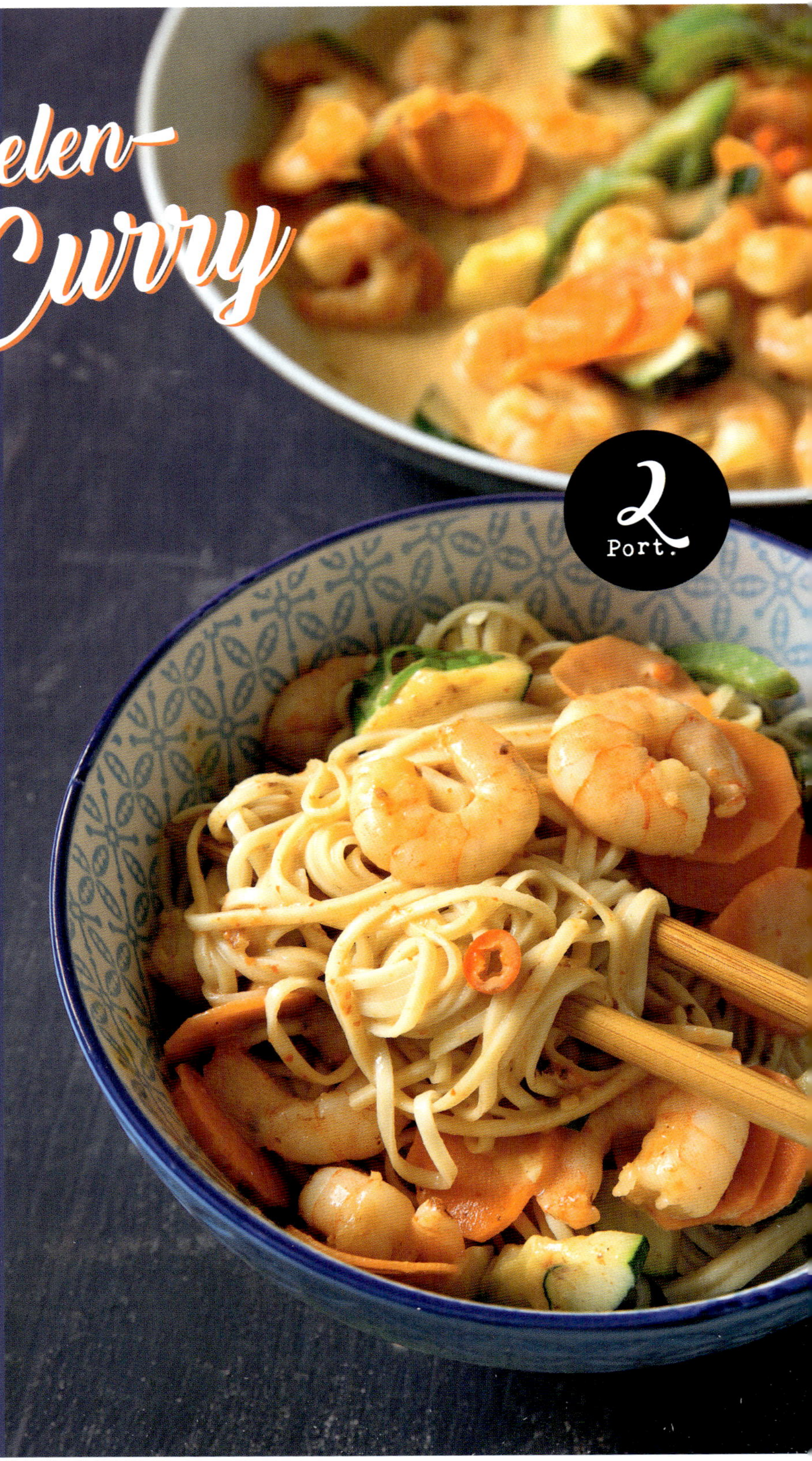

Zutaten

1 Karotte
1 kl. grüne Paprika
1/2 Zucchini
1 Stück Ingwer (haselnussgroß)
1/2 rote Chilischote
250 g Garnelen, küchenfertig, vorgegart
etwas Öl zum Braten

100 g Mie-Nudeln
etwas Salz

Für die Soße

1 kl. Dose Kokosmilch (195 ml)
1 EL Fischsoße
1 EL Sojasoße
1 TL rote Thaicurrypaste
1/2 TL Currypulver
1 Msp. Pfeffer, gem.

Karotte in Scheiben, Paprika und Zucchini in Streifen schneiden. Ingwer und Chilischote fein hacken. Alles zusammen mit den Garnelen in einer Pfanne mit heißem Öl anbraten.

Zutaten für die Soße zugeben und 3-5 Min. köcheln lassen. In der Zwischenzeit Wasser im Wasserkocher aufkochen und Nudeln mit kochendem Wasser übergießen. 5 Min. ziehen lassen, absieben und zusammen mit dem Thaicurry servieren. Mit etwas Salz abschmecken.

Pro Portion: 570 kcal | 48 g KH | 32 g EW | 26 g Fett

Deftige
Bauernpfanne

Zutaten

200 g	Leberkäse
1	Zwiebel
1	grüne Paprika
etwas	Öl zum Braten
400 ml	Wasser
2 EL	Sahne
1 gestr. EL	Gemüsebrühpulver
1/4 TL	Pfeffer, gem.
1 EL	Röstzwiebeln
1/2 TL	Currypulver
100 g	kl. Hörnchennudeln (6 Min. Kochzeit)
1 EL	Tomatenmark
2 EL	Wasser
2	Eier
etwas	Schnittlauch

Leberkäse und Zwiebel in Würfel und Paprika in Streifen schneiden. Alles zusammen in einer Pfanne in heißem Öl anbraten.

Wasser, Sahne, Gewürze und Nudeln zugeben und ca. 10 Min. köcheln lassen. Dabei immer wieder umrühren. (Ggf. noch einmal etwas Wasser nachgießen.)

Sobald die Nudeln gar sind, Tomatenmark und 2 EL Wasser zugeben, unterrühren und auf zwei Teller verteilen. Zwei Spiegeleier braten und auf die Nudeln geben. Mit Schnittlauch bestreut servieren.

Pro Portion: 655 kcal | 47 g KH | 27 g EW | 39 g Fett

4
Port.

Servieren Sie dazu
z.B. Aprikosen-Apfelmus

Zutaten:

4	Eier (Gr. M)
150 g	Weizenmehl, Type 405
70 g	Zucker
1 Prise	Salz
300 ml	Milch, 1,5%
75 ml	Mineralwasser mit Kohlensäure
1 Msp.	Backpulver
2 EL	Butter
50 g	Mandelblättchen
etwas	Puderzucker zum Bestäuben

Tipp: Wer möchte, kann noch eine Handvoll Rosinen zugeben. Diese vorher 15 Min. in Rum oder Apfelsaft einlegen.

Mandelblättchen in einer Pfanne ohne Fett anrösten. Auf einen Teller umfüllen.

Eier trennen und Eiweiß mit einer Prise Salz steif schlagen. Eigelb mit Zucker cremig rühren. Milch, Mineralwasser, Mehl und Backpulver zugeben und mit dem Handrührgerät gut verrühren. Eischnee unterheben.

Eier trennen. **Rühraufsatz einsetzen.** Eiweiß mit einer Prise Salz auf **Stufe 4** steif schlagen. Umfüllen und **Rühraufsatz entfernen.** Eigelb und Zucker in den Mixtopf geben und **30 Sek./Stufe 3** rühren. Milch, Mineralwasser, Mehl und Backpulver zugeben und **10 Sek./Stufe 4** mixen. Eischnee zugeben und **5 Sek./Stufe 4** unterrühren.

Butter in die heiße Pfanne geben, bis diese leicht bräunlich wird. Teig hinein gießen und bei mittlerer Hitze 3-5 Min. stocken lassen (Teig ist an der Oberfläche noch flüssig). Teig nun mit dem Pfannenwender vierteln oder achteln und wenden. Weiter anbraten, ab und an wenden und in Stücke teilen. Mit Mandelblättchen und Puderzucker bestreut servieren.

Pro Portion: 470 kcal | 51 g KH | 16 g EW | 22 g Fett

French-Toast-Rolls

Zutaten

4 Scheiben	Sandwichtoast
4 TL	Doppelrahm-Frischkäse
4 TL	Nuss-Nugat-Creme (z.B. Nutella)
2-3	Erdbeeren
1	Ei
5-6 EL	brauner Zucker
1 EL	Butter
etwas	Puderzucker zum Bestäuben

Von den Toastscheiben die Rinde abschneiden und mit einem Nudelholz flach ausrollen. Mit je 1 TL Frischkäse bestreichen. Auf jede Scheibe mittig einen Streifen Nuss-Nugat-Creme geben (1 TL pro Toast). Erdbeeren in kleine Würfelchen schneiden und auf den Toasts verteilen. Toast fest aufrollen.

2

Ei in einer flachen Schale verquirlen und braunen Zucker auf einen flachen Teller geben. Toastrollen zuerst in Ei tauchen und dann in Zucker wälzen.

3

Butter in einer beschichteten Pfanne erhitzen und die Röllchen von allen Seiten darin anbraten. Mit Puderzucker bestäubt servieren.

Pro Stück: 268 kcal | 38 g KH | 6 g EW | 10 g Fett

Impressum

© C. T. Wild Verlag & Handel GmbH
Saueracker 7, D-93309 Kelheim
Tel. 09441 703772-0
Email: info@mixgenuss.de
www.mixgenuss.de

8. Auflage - Februar 2024
ISBN-Nr.: 978-3-96181-022-2

Autorin: Corinna Wild

Gestaltung & Layout: Eva Gruber
Rezeptfotos: © Corinna Wild

Druck & Bindung:
bonitasprint GmbH, 92224 Amberg

www.instagram.com/
mixgenuss

Social Media Channels

Lust auf noch mehr Rezepte? Dann folgen Sie uns auf Facebook, Instagram & Co. Entdecken Sie neben tollen Rezeptideen, auch interessante Tipps & Tricks.

Alles rund ums Kochen mit dem Thermomix!

Weitere MixGenuss Bücher und Rezepthefte für den Thermomix finden Sie in unserem Onlineshop **www.mixgenuss.de**

- Platz für eigene Eintragungen -

Notizen